Elogios para *P*
Una nota de J

Antes de escribir una sola palabra de todo esto, les dije a mis editores que no quería que fuera gente de renombre quien escribiera los elogios. Yo quería retroalimentación de las mismas personas para las que escribí el libro: las lectoras verdaderas, mi tribu. Hice llegar *Por el amor de...* a manos de personas verdaderas porque son las opiniones de ellas las que más me importan. Puedes confiar en estas chicas porque son nosotras. Ni puedo lidiar con sus muchas palabras amorosas, entonces te dejo con ellas antes de que me quede deshecha, otra vez.

«*Por el amor de...* es como hacer investigaciones sobre mí misma y descubrir que estoy bastante bien, más de lo que pensé. Como alguien en circunstancias semejantes a las de Jen —con adolescentes y muchos achaques sin definir— *Por el amor de...* es como dar un respiro hondo».
—Anne Watson, oradora y autora en GodDots.com

«Si Jimmy Fallon y Ann Voskamp dieran a luz a un hijo natural literario, lo tendrían que llamar *Por el amor de...*».
—Danielle Brower, esposa, madre, amante del amor,
defensora de huérfanos

«Si en algún momento te has quebrado, si has pasado por dolor y has necesitado un refugio al cual acudir, este libro es para ti. Deja que Jen y Jesús te envuelvan en un abrazo y que la gracia comience su trabajo de sanación».
—Stacey Philpot, esposa, madre, ministra del evangelio,
autora esperanzada

«Jen verbalizó realidades que mi corazón ha sentido pero no pudo expresar completamente. Este libro me provocó tantas lágrimas como risas. Me conmovió. Sentí como que Jen me estuviera dando palmaditas en la espalda para animarme a entrar corriendo en todo lo que Dios tiene preparado para mí en esta, la única vida que tengo».

—Katie Tramonte, introvertida, bloguera, seguidora de Jesús, amante de botín gratis

«Si estás buscando solo un libro cristiano más escrito por solo una autora cristiana más, este no es el libro para ti. Jen trasciende las fronteras entre la cultura cristiana y la secular por medio de su humor y su naturaleza afable. La identificación de denominadores comunes entre todas, a pesar de nuestra fe, posibilita una plataforma donde las mujeres se pueden unir. *Por el amor de...* es el libro que regalas a cada mujer en tu vida, sea creyente o no».

—Katie Howard, madre de hijos varones, esposa de pastor, bloguera en secreto

«Quiero llevar conmigo por todas partes una canasta llena de ejemplares de este libro y repartirlos a cada mujer que encuentro».

—Traci Cook, seguidora de Cristo, esposa de militar, madre de dos varoncitos, graduada de Baylor, educadora, bloguera ocasional, entusiasta de las redes sociales

«He leído este libro tres veces en dos meses. Las palabras de Jen son como una brisa de aire fresco que me anima a desahogarme de las presiones, cargarme de mucho más amor y creer que con esto bastará».

—Gina Grizzle, esposa, madre, bloguera, amante de palabras y de helado en cucuruchos de barquillo

«*Por el amor de...* es estelar. En ningún otro lugar encontrarás una parva de palabras juntas como en este libro que te harán querer a Dios más, amar a otros y luchar por la gracia escandalosa».

—Tomi Bussey Cheeks, esposa de mi héroe; madre de un hijo en la universidad, uno en el kínder y un preescolar; liberada hija del Rey; observadora profesional de otros; amante de objetos usados, Texas, pantalones elásticos, pelo grande, convocar a mi gente, decorar mi casa, libros y brillantina

«En medio de mi risa incontrolable, vi calarse la gracia, misericordia y esperanza sempiternas de Jesús. ¡Este es un libro para cada mujer!».

—Krista Wilbur, bloguera, aficionada de Netflix, amante de los perros

«Jen te jala hacia sí y susurra en tu oído: "No estás fracasando. ¡Qué bien que te sale!". Y a causa de la autenticidad de Jen y su don de palabras y con la gente, realmente le crees. Dejas escapar un suspiro de alivio y te sientes fortalecida para salir y ser más tierna con los demás también».

—Jennifer Wier, escritora, terapeuta, promotora de lazos comunitarios

«De principio a fin, este libro te hace sentir que estás tomando un café con tu mejor amiga. Es divertido y animador. Te invita a reflexionar y te deja con un amor renovado por la vida, las personas y Jesús».

—Elise Johnson, esposa, madre, bloguera, adicta a la cafeína

«No te sorprendas si llegas al final y de inmediato ¡quieres comenzar de nuevo!».

—April Lakata Cao, esposa de militar, madre de cuatro hijos extraordinarios, escritora

«*Por el amor de...* es una brisa de aire fresco, un llamado relevante a la acción y una invitación a las mujeres a liberarnos de las presiones para que podamos ser francas en cuanto a vivir y amar libre y audazmente».

—Amanda Johnson, colectora de armónicas que se emociona por situaciones incómodas y hasta las encandila, amante del guacamole

«Este libro te tendrá en lágrimas y muerta de risa (carcajadas hasta sollozar) y dirás: "¡Aleluya! ¡No soy la única que se siente así!". No se pierdan este libro, hermanitas. ¡Movilícense para conseguirlo!».

—Jennie Woelpern, adicta a los libros, bloguera (@ajourney4life)

«Si hubiera leído este libro cuando era más joven, ciertamente mi vida habría sido más rica y plena y habría experimentado mucha más libertad».

—Andrea Stunz, ama de casa, amante de la buena mesa,
peregrina en necesidad de la gracia y del café

«Lee este libro pero no en público... a menos que no te moleste ser la única que suelta una carcajada en un cuarto silencioso o que se pone fea llorando al leer el capítulo 11 mientras la gente alrededor se esfuerza por no mirarte. Si no te molestan estas cosas, entonces adelante con leerlo en público. De no ser así, recomiendo un buen café, un pijama muy cómodo y una puerta cerrada con llave».

—Emily Donehoo, escritora, oradora, verdadero ser humano

«*Por el amor de...* es de lectura obligatoria. Vas a reírte, llorar, gritar al estar de acuerdo y querer leerlo en voz alta a tus desprevenidos hijos, visitas, amigos y/o marido».

—Alyssa DeLosSantos, esposa de John, madre de tres tesoritos,
zarrapastrosa, bloguera por accidente

«¡Jen dio en el clavo! En todo. Justo en el clavo. No pude dejar el libro. Me enganchó totalmente. Y cuando por fin terminé, ¡lo agarré para comenzar de nuevo!».

—Brandy Lidbeck, terapeuta de pareja y familia,
entusiasta del humor

«Jen Hatmaker escribe con un estilo tan conversacional que es más bien como tomar un café y conversar con amigas en lugar de leer un libro (no es de sorprenderse que ¡todas creen que ella debe ser su nueva mejor amiga!)».

—Cindy Battles, madre, seguidora de Jesús,
adicta al café

«Por muchos años *Por el amor de...* será un volumen favorito en mis estantes, uno que vuelva a leer con frecuencia. Será el regalo ideal que saque para cualquier ocasión... porque ¿a quién *no* le hace falta una buena dosis de risa y gracia y una Jen Hatmaker de manera regular?».

—Julie Shreve, agente de bienes raíces, bloguera,
la tía favorita de todos

«Ya sea al lamentar la tragedia de "Leotardos como Leggings", regocijarse en la bendición de una buena mesa o desafiar a sus lectoras a que vivan con corazones grandes, Jen Hatmaker cala en lo más profundo de lo que es ser mujer».

—Marie Gregg, bloguera, bibliotecaria, comilona de chocolate

«Este libro es como pasar un fin de semana con Jen en el cual se discuten todas las cosas, se usan todas las palabras y se sienten todos los sentimientos. Vas a reírte, llorar, reflexionar y ser desafiada a ser lo mejor de ti».

—Ann Goade, esposa, madre y todavía no decidida
en qué va a ser cuando sea grande

«Jen hace un trabajo tremendo e ingenioso al exponer la verdad en los lugares no tocados de la maternidad, las amistades, las modas, la vida y mucho más».

—Amanda Brown, esposa, madre, maestra y artista

«Gente...no abran este libro a menos que estén listas para ser destrozadas por el evangelio».

—Hannah Card, nómada maravillada, perseguidora apasionada
de Jesús y del café

«*Por el amor de...* es una brisa de aire fresco en un mundo donde las creencias cristianas de uno a menudo resultan una fuerza divisoria en lugar de unificadora».

—Sandy Kaduce, escritora independiente, bloguera y madre

Por el amor de...

Por el amor de...

LUCHANDO *por la* GRACIA
en un mundo de estándares imposibles

JEN HATMAKER

GRUPO NELSON
Una división de Thomas Nelson Publishers
Desde 1798

NASHVILLE   MÉXICO DF.   RÍO DE JANEIRO

© 2015 por Grupo Nelson®
Publicado en Nashville, Tennessee, Estados Unidos de América.
Grupo Nelson, Inc. es una subsidiaria que pertenece completamente a
Thomas Nelson, Inc. Grupo Nelson es una marca registrada de Thomas Nelson, Inc.
www.gruponelson.com

Título en inglés: *For the Love*
© 2015 por Jen Hatmaker
Publicado por Nelson Books, un sello de Thomas Nelson. Nelson Books y Thomas
Nelson son marcas registradas de HarperCollins Christian Publishing, Inc.

Publicado en asociación con Yates & Yates, www.yates2.com.

A menos que se indique lo contrario, todos los textos bíblicos han sido tomados de la
Santa Biblia, Nueva Versión Internacional® NVI®. Copyright © 1999, 2015 por Biblica,
Inc.® Texto usado con permiso de Biblica, Inc.® Reservados todos los derechos en todo
el mundo.

Los versículos de la versión *The Message*, copyright © de Eugene H. Peterson, 1993,
1994, 1995, 1996, 2000, 2001, 2002, usados con el permiso de Tyndale House Publishers,
Inc. se han traducido de forma literal. Reservados todos los derechos.

Editora en Jefe: *Graciela Lelli*
Traducción: *Loida Viegas*
Adaptación del diseño al español: *Grupo Nivel Uno, Inc.*

ISBN: 978-0-71803-398-9

Impreso en Estados Unidos de América

15 16 17 18 19 RRD 9 8 7 6 5 4 3 2 1

A Jesús, que me enseñó cómo amar a las personas.

Contenido

Introducción

Mi amiga me contó recientemente la conversación que mantuvo con mi hija pequeña, Remy:

A: Remy, háblame del trabajo de tu madre.

REMY: Bueno, en realidad no tiene ninguno.

A: Estoy segura de que tu mamá trabaja.

REMY: Sí, pero no tiene un empleo en el que *sabe* de algo en concreto.

A: ¿Me estás diciendo que escribe libros por escribir, sobre nada en concreto?

REMY: También cocina mucho.

Aparte de ser obviamente estimada en mi propio hogar, tal vez debería aclarar cuál es exactamente mi especialidad, ya que mi propia hija no parece tenerlo muy claro. A algunas personas les gustan los números, las columnas y las cuentas conciliadas. (Apenas tengo idea de lo que esto significa). A algunas de mis buenas amigas les gusta organizar y administrar, y en realidad se les da muy bien. Tengo familiares que sobresalen en el diseño de páginas web y tecnología creativa, y otros son artesanos y constructores. Educadores, jefes, especialistas en medicina deportiva, agentes inmobiliarios, todos ellos son personas de mi círculo que, sin duda, *saben de algo en concreto.*

En mi círculo un poco más cercano, algunas de mis amigas son verdaderas teólogas y aman todo lo relacionado con la hermenéutica. Otras son predicadoras, con fuego en su interior. Las hay que son académicas y trabajan con un título de postgrado en Dios. Unas son emprendedoras sociales y hacen mucho bien con sus empresas y sus organizaciones. Y otras más dedican su vida a la justicia en lugares difíciles. Esos son sus talentos, y hacen lo que les gusta.

Yo amo a las personas.

Es mi especialidad.

Dios siempre ha tenido el mayor sentido para mí a través de las personas, las portadoras de su imagen. Anhelo dignidad, sanidad, propósito y libertad para mí y los míos, y para los tuyos, para ellos y los suyos. Quiero que vivamos y amemos bien. La sustancia de la vida no es una cosa, ni el éxito, el trabajo, los logros o las posesiones. De veras que no lo es, aunque le dediquemos una energía enorme a dichos objetivos. Los ámbitos más plenos de mi vida, los mejores recuerdos, los retazos más satisfactorios de mi historia han involucrado siempre a las personas. Por el contrario, nada duele más ni roba más gozo que las relaciones rotas. Podemos curarnos y herirnos los unos a los otros, y de hecho lo hacemos.

Tengo la esperanza de dirigir una tribu que realice más curaciones y produzca menos dolor.

Considero que ese es mi trabajo.

Veo una generación de personas EN APUROS. ¡Qué duros somos los unos con los otros, empezando por nosotras mismas! Cuando Jesús mandó: «Ama a tu prójimo como a ti mismo», no creo que quisiera decirlo de una forma sentenciosa; sin embargo, es exactamente la forma en que tratamos a nuestra propia alma y esta se desangra hacia los demás. A los que progresan en la gracia de Dios no les cuesta dar gracia, pero la persona que es autocrítica se convierte en criticona de los demás. «Amamos» a las personas del mismo modo en que nos «amamos» a nosotras mismas, y si no somos lo bastante buenas, nadie lo será.

Nos mantenemos en una situación difícil, y metemos en ella a nuestro marido, nuestros hijos, nuestros amigos, nuestra iglesia, nuestros líderes, y a cualquier persona que sea «el otro». Cuando nos autoimponemos expectativas poco realistas, nos resulta natural forzarlas en todos los demás. Si vamos a fracasar, al menos podemos esperar que otros también lo hagan; y a la miseria le gusta tener compañía, ¿no es así?

Creo que podemos hacerlo mejor. Creo que Dios quiere que salgamos del atolladero, porque Jesús ya se ocupó por completo de ello. ¿Me permites contarte cuál es mi sueño para este pequeño libro? Espero que cuando vuelvas la última página, sueltes un enorme suspiro de alivio. Espero que te rías a carcajadas, porque te sientas *libre*. Espero que mires con ojos renovados y una mirada fresca a toda tu gente —a esa persona con la que te casaste, a esos a los que diste a luz, a los que viven en tu calle, a los que asisten a tu iglesia, a tus compañeros de trabajo y a los que están en el mundo entero—, y que te sientas liberada al amarlos como si ese fuera tu trabajo.

Tal vez podamos deponer nuestro temor y la crítica que dirigimos a nosotras mismas o a los demás. Es posible que si nos permitimos salir de nuestra situación, podamos dejar que otros también lo hagan y descubriremos que Dios ha estado en control todo el tiempo, como intentó hacérnoslo saber. Se le da muy bien ser Dios. ¡Hurra! No tenemos que ser salvadores y críticos los unos de los otros; lo haremos mejor como personas amadas hombro con hombro.

No somos buenos dioses, pero podemos ser buenos seres humanos.

Te voy a estropear el final: eres asombrosa. De veras que lo eres. Ese asunto de la gracia no es una broma. Conseguimos vivir una vida de libertad. Y las demás personas también, porque Dios nos dio a Jesús quien lo arregló todo. En lugar de ser «correctos» los unos con los otros todo el tiempo, podemos vivir esa hermosa y preciosa vida nuestra en completa libertad. En verdad son buenas noticias.

Hay una muletilla de la que abuso con frecuencia y con regularidad: *por el amor de...* (Otras de la misma familia incluyen «por Dios bendito», «santo cielo» y «por el amor de Pedro», porque la hipérbole dramática es lo mío). La uso todo el tiempo en formas que tienen sentido y en otras que no lo tienen en absoluto. Me resulta una deliciosa respuesta «cajón de sastre»:

Por el amor de Moisés.

Por el amor de Tina Turner.

Por el amor de Coach y Tami Taylor.

Las posibilidades de uso no tienen fin. A medida que este libro empezó a tomar forma y descubrí su contenido, de inmediato tuve claro el título: *Por el amor de...*

Por esta razón vivimos y respiramos: por el amor de Jesús, por el amor de nuestra propia alma, por el amor de nuestra familia y de nuestra gente, por el amor de nuestros vecinos y de este mundo. Solo esto quedará. Sinceramente, es lo único que importa. Y es que, como Pablo afirmó más o menos: podemos compartir muchas cosas en muchos ámbitos, pero si no tenemos amor estamos en la más completa bancarrota. Entiende esto bien y todo lo demás irá a la zaga. Si no lo captas correctamente, la vida se vuelve amarga, basada en el temor y en la soledad. Amada mía, no tiene por qué ser así.

El amor es en realidad el camino más excelente.

Una de las mejores partes del ser humano son las demás personas. Es verdad, porque la vida es difícil; sin embargo, los seres humanos aparecen para ayudarse, como Dios nos dijo que hiciéramos, y recordamos que somos amadas, visibles, que Dios está presente y que no estamos solas. No podemos liberar a las personas de sus abismos, pero con seguridad podemos entrar allí con ellas hasta que Dios obre. A poco que se viva, una ve con claridad que las cosas no son lo importante de la vida. Las personas sí que lo son. Nos necesitamos unos a otros; por tanto, tal vez deberíamos practicar la gracia radical, porque las opiniones de las que nos pavoneamos son frías compañeras cuando golpea la realidad de la vida.

Así que, agarra mi mano, amiga lectora. Te diré lo asombrosa que eres, lo impresionantemente misericordioso que es Dios y cuánta libertad tenemos para amar bien. Espero conseguir que todas las cabezas se levanten, que acabe el malestar, tanto en las personas que tú has llevado a esa situación como en las que han alcanzado ese punto por culpa de otros. Saldremos de nuestro apuro y haremos que los demás también lo hagan; al final, seremos libres para correr bien nuestra carrera; viviremos días amplios, generosos, y practicaremos el vivir sincero para el que fuimos creadas.

Por cierto, también trataré el tema de los *vaqueros* de cinturilla alta y de las adicciones a Netflix, así que tienes una gran cantidad de sustancia por delante.

¡Va a ser muy divertido!

TU PROPIO YO

Capítulo i

La peor barra de equilibrio

Mi hija Remy, de nueve años, hace gimnasia. Tras su segundo entrenamiento preguntó cuándo tendría su primera competición. ¡Qué cielo de criatura! Nadie podría acusarla jamás de tener una baja autoestima. (Ahora está decidiendo entre un futuro como gimnasta profesional o cantante, y si se me permite, ¿podría decirte que tanto el plan A como el plan B están condenados al fracaso?)

Con lo que más lucha es con la barra fija. No se sabe con claridad quién inventó este aparato particular, pero desde luego no fue la madre de una desgarbada estudiante de tercer grado con delirios de grandeza. Todavía sigue intentando llegar de un extremo al otro con unas cuantas «flexiones», «posturas» e «inclinaciones» sin caer sobre la colchoneta. Olvídate de las filigranas; cualquier cosa que sea un poco más que caminar ya la descentra por completo, y yo empiezo a preguntarme cómo se las va a arreglar para convertirse en gimnasta olímpica, y además con una carrera musical.

Si yo tuviera que recitar las preguntas clave que me suelen formular en entrevistas, conversaciones y correos electrónicos, con toda seguridad incluiría esta:

¿Cómo consigue equilibrar trabajo, familia y comunidad? Y en cada una de esas ocasiones, pienso: *¿Acaso me conoces?* Equilibrio. Es como el unicornio; hemos oído hablar de él, todo el mundo habla sobre él y se fabrican camisetas pintadas con aerógrafo que lo celebran. Parece estupendo, pero en realidad nunca hemos visto uno. Estoy empezando a pensar que no existe.

Y esto es parte del problema, chicas: se nos ha dado gato por liebre. En el pasado las mujeres no sudaban la gota gorda para lograr una vida desarrollada de forma impresionante en ocho categorías distintas. Nadie construyó infancias de cuentos de hadas para su prole, desarrolló un conjunto innato de talentos personales, fomentó una carrera estimulante que transformara el mundo, creó hogares asombrosos y patios panorámicos, proveyó alimento casero para todas las comidas (con ingredientes locales, por supuesto), mantuvo encendidos todos los fuegos del matrimonio, sustentó relaciones llenas de sentido en varios entornos, ansió tener mucho tiempo para «el cuidado de sí misma», sirvió a vecinos/iglesia/mundo, y mantuvo una relación satisfactoria y activa con Jesús, nuestro Señor y Salvador.

No se puede equilibrar este trabajo que describo.

Escúchame: no hay quien pueda con esto. Nadie lo *está* haciendo. Las mujeres que parecen cabalgar sobre este unicornio solo exhiben las mejores partes de sus historias. Créeme. Ninguna puede fragmentar su tiempo y su atención en tantísimos segmentos.

El problema es que tenemos un acceso muy próximo a mujeres que destacan en cada esfera individual. Con las redes sociales y sus mensajes cuidadosamente escogidos, vemos a mujeres profesionales que lo hacen estupendamente, madres con oficio que lo hacen fenomenal, madres cocineras que lo hacen a la perfección, y líderes cristianas que lo hacen requetebién. Tomamos nota de sus hermosos patios, sus enchiladas caseras de chile verde, sus fiestas temáticas de cumpleaños, sus series de estudio bíblico de ocho semanas, sus gráficos de tareas, sus tablas de abdominales, sus «10 consejos para un matrimonio feliz», las mejores prácticas profesionales, sus trabajos voluntarios y sus ideas para una noche divertida en familia. Apuntamos sus logros catalogando sus éxitos y observando sus talentos. Luego combinamos lo mejor de todo lo que vemos, de cada mujer que admiramos en cada género, y concluimos: *Yo tendría que ser así.*

Esto es declaradamente descabellado.

Y lo único peor que este nivel inalcanzable es la culpa que viene a continuación cuando la perfección demuestra ser imposible. Hermana, ¿podría haber mayor locura que una mujer que despierta a sus hijos antes de que sea de día, les dé de comer y de beber mientras escucha y confirma todo su parloteo, los viste y salen para la escuela con carpetas firmadas; luego tal vez se dirige a un trabajo para poder alimentar a su familia o se queda en casa para criar a unos pequeños que no pueden ni limpiarse, realiza un millón de tareas domésticas que se multiplican como duendecillos, desarticula cuarenta y cuatro peleas, disciplina intencionadamente unas doscientas noventa y tres veces al día, atiende todos los correos electrónicos/correspondencia/plazos, ayuda con los deberes de matemáticas/escritura/biología, sirve la cena mientras organiza una ronda de «Altibajos», supervisa la Hora de Acostarse y el Maratón del Baño, les lee amorosamente a sus hijos en su regazo, los mete en la cama recitando sus oraciones, acaba la infinita Recogida de Cachivaches y Cosas Desparramadas por todas partes, presta atención a su marido ya sea con la mente o con el cuerpo, y después tiene el último pensamiento del día: *Lo estoy haciendo fatal en todos los ámbitos.*

Siento que me estoy volviendo loca.

Esto supera lo irracional. Es destructivo. Ya no evaluamos nuestra vida con precisión. Hemos perdido la capacidad de declarar que un trabajo está bien hecho. Medimos nuestra actuación contra un *nivel inventado* y no damos la talla, y esto destruye nuestro gozo. A pesar de lo duro que trabajemos o nos destaquemos en un ámbito o dos, nunca parece ser suficiente. Nuestros principales defectos son el agotamiento y la culpa.

Mientras tanto, tenemos una vida hermosa que suplica que la vivamos, que la disfrutemos, que la aplaudamos de verdad, y esto es más simple de lo que osamos esperar: tenemos que descargar la barra.

No podemos hacerlo todo, tenerlo todo ni dominarlo todo. Sencillamente no es posible. ¿Puedo decirte algo? Dado que las mujeres me preguntan constantemente cómo puedo «hacerlo todo», permíteme aclarar algo: TENGO AYUDA. Mi representante editorial organiza los eventos, mi agente literario se ocupa de la publicación, mi persona técnica hace todo lo de Internet, mi extraordinaria empleada doméstica hace en dos horas lo que yo haría en doce, y nuestra niñera a tiempo parcial rellena los huecos.

No lo estoy haciendo todo. ¿Cómo podría? Tú tampoco puedes. Yo decidí lo que tenía que estar sobre mi barra y dejé caer el resto o busqué una forma de delegar. Me encanta escribir, pero odio la gestión de la página web. ¡Fuera de la barra! No podía compatibilizar los viajes de fines de semana, las actividades nocturnas entresemana (multiplicado por cinco niños... ¡ten misericordia, Jesús!), y un grupo pequeño semanal; así que por mucho que ame a la gente de nuestra iglesia, de momento no estamos en ningún grupo. (Y eso que soy la esposa del pastor, así que deja que esto te proporcione libertad sobre los *deberes* que te impones). ¡Fuera de la barra!

¿Cocinar y cenas formales? Me dan vida. ¡Sobre la barra!

¿Tomar café con todos los que quieren «escarbar en mi cerebro»? Sencillamente no puedo. ¡Fuera de la barra!

¿Pasar el rato en el patio con nuestros mejores amigos fuera de hora? Un deber. ¡Sobre la barra! ¿Mamá en clase? No tengo esa aptitud. ¡Fuera de la barra! Tú también tienes que actuar así. Tienes permiso para examinar todas las situaciones y decidir qué debe quedarse. ¿Cuáles son las cosas que te encantan? ¿Qué se te da bien? ¿Qué te aporta vida? ¿Qué *tiene* que quedarse durante esta época? *No mires a un lado y a otro antes de contestar.* No trasplantes a tu propia barra lo que haga otra persona. Yo podría pasarme días y días cocinando, pero esto no significa que tú quieras hacerlo. Ser una mamá en clase me provocaría una crisis de nervios; para ti puede ser lo más destacado del año. Tienes que ser tú. El día solo tiene veinticuatro horas.

Tenemos que dejar de intentar ser asombrosas y en su lugar ser sabias.

Decide qué partes te están agotando y secando. ¿Qué temes? ¿Qué estás incluyendo por razones equivocadas? ¿Qué partes merecen ser aprobadas? ¿Hay algo que podrías delegar o rechazar? ¿Podrías sacrificar un Bueno por un Mejor? Echa fuera cada *debería* o *no debería*, y corta por lo sano. Adelante. En tu barra hay demasiadas cosas. Lo sé.

Encuadra tus elecciones a través de esta lente: etapa. Si tus hijos son menores de cinco años, no hay forma de incluir cosas que serían posibles con estudiantes de grado medio o de la escuela secundaria. Te gobierna un diminuto ejército que tú misma creaste. Las cosas son exactamente así por el momento. Si tienes niños mayores como es mi caso, prácticamente todos los días, de cinco a nueve de la noche, somos taxistas. Las tardes son para la familia. Dentro de diez años, cuando se hayan ido, la historia cambiará (*sollozo*). Tal vez tengas un truco fabuloso que ya no funciona y podrías necesitar dejarlo a un lado por un tiempo. Esos son los cortes que más cuestan. Las elecciones que hagas hoy pueden modificarse por completo en cinco años, o incluso en el próximo año. Intervén ahora mismo.

¿Qué exige de ti esta etapa? ¿No lo tienes claro? Pregúntale a Dios. Él es un maravilloso consejero que siempre, siempre sabe qué es lo mejor. Él te ayudará a resolverlo. Cuando no puedas confiar en tu propio discernimiento, puedes fiarte por completo de él. Dios no tiene otro programa que no sea tu mayor beneficio en su reino. No hay mejor guía para cruzar este campo de minas. Trabajé en la decisión de hacer un programa el año pasado, y el drama que proyecté fue indudablemente aburrido. Me preocupé, me angustié y vacilé antes de acordarme de orar. (Soy la mejor elección si necesitas una asesora espiritual, ¿verdad?) No estoy bromeando: por fin le entregué la decisión a Dios, y cinco segundos más tarde, lo tenía todo instantáneamente claro. La respuesta fue «no» y probablemente me salvó la vida.

Por cierto, nadie tomará esas decisiones por ti. Las personas absorberán tanto como les des, no porque sean seres humanos terribles, sino porque solo quieren esa única porción de ti. No les parece mucho. Sobre el papel, solo es esa cosa, esa noche, ese compromiso. Además, es probable que se te dé bien ser su mascota. Sin embargo, no observan el alcance de tu vida y las otras muchas distracciones que hay sobre tu barra. Solo quieren esa pizca/cucharada/bocado, pero cada día tiene su cupo.

Buenas noticias: la mayoría de las personas son sorprendentemente respetuosas con los límites. Las personas se toman un «no» mejor de lo que yo sospechaba. Cuando digo: «Gracias por invitarme a esta cosa tan buena tuya. Es tan extraordinaria como tú. Pero cada nuevo "sí" que doy significa un "no" para mi familia y para mi cordura. Por favor, acepta mi pesar más sincero y cuenta con mis oraciones», la mayoría de las personas son sorprendentes. Puedes decir que no y nadie se va a morir. De hecho, los «no» elegantes desafían el mito de Hacerlo Todo. Cuando veo a otra mujer peleando por su barra de equilibrio, me siento inspirada, porque si ella tiene permiso, yo también. Las mujeres sabias saben a qué aferrarse y qué soltar, y cómo caminar con seguridad en sus elecciones: sin pesar, sin disculpas, sin culpa. Creo profundamente que Dios quiere esa libertad para nosotras. Las Escrituras nos instruyen para que vivamos gozosas, resistiéndonos a la inquietud y creyendo que Jesús nos libera por amor a la libertad. Tenemos una abundancia de buenos y perfectos dones que a menudo se ven como una casa desordenada llena de risas, un niño de diez años cruzando el chorro de un aspersor, un corazón que no se carga por la comparación, una siesta por la tarde, el gozo de usar nuestros dones dejándoles el resto a otros más capacitados. Nuestra generación está tan frustrada con el esfuerzo y la culpa que ya no reconocemos los buenos y perfectos dones de Dios aun teniéndolos delante de las narices. ¡Qué tragedia! ¡Qué pérdida! Jamás volveremos a recuperar estos maravillosos años.

Así que, no, no puedes hacer equilibrio sobre una barra sobrecargada. No es posible. No obstante, tal vez si rechazamos el nivel inventado, si dejamos de temer que un «no» pueda acabar el mundo, si reducimos nuestra vida a lo que es hermoso, básico, lo que da vida, si nos negamos a culparnos los unos a los otros por elecciones distintas y si celebramos los logros decentes de la Buena y Dura Vida Ordinaria, entonces descubriremos que en primer lugar no había barra, que el reino de Dios nunca ha exigido un acto de equilibrio, y que Jesús estaba con nosotros dentro de ese pozo lleno de espuma divertida.

Todas somos promesas olímpicas en *ese* evento.

CAPÍTULO 2

Al cumplir los cuarenta

Estoy experimentando un trauma y no estoy segura de lo que debo hacer. Me toma constantemente por sorpresa, me asalta de improviso cuando estoy desprevenida. Cada vez, me quedo tambaleándome y necesito acostarme para recuperarme. No me acostumbro a ello, y cada vez que sucede es como la primera vez. Sigo viendo las manos de una vieja que salen de mis mangas. Ahí estoy, haciendo mi trabajo, y ¡PUM!, las manos de la vieja tecleando. Alargo el brazo para agarrar mis platos y ¡CATAPLUM!, las manos de la vieja cocinando. Esas manos me desconciertan mucho, con sus venas, sus manchas, su piel floja. ¿Pero qué demonios es esto? ¿A qué abuela pertenecen esas manos que llevan mis joyas? Y de forma más concreta, ¿cómo se han reubicado estas manos, exactas a las de mi madre, en mi cuerpo? Mi amiga Tray fue a la escuela secundaria con una mujer que estaba convencida de que el gobierno había trasplantado unas manos distintas en su cuerpo por alguna conspiración (¡Dios mío!), y aunque me río entre dientes, en secreto estoy pensando: *¡Ajá! Todo empieza a tener sentido.*

Este año cumplí los cuarenta.

¡Cuarenta! Es muy extraño, porque yo he sido siempre joven. En realidad he sido joven toda mi vida. Independientemente de cómo diseccione todo esto, he envejecido viéndome obligada a salir de la categoría de «joven» para graduarme en el grupo «intermedio». Mi cerebro se siente confuso por ello; ¡y es que soy tan juvenil! Convierto mis propias palabras en canciones de hip-hop y cito a Paul Rudd como estrategia de educación. Con toda seguridad, soy una preadolescente. Pero muy al estilo de Shakira: estas manos no mienten.

Así que agrúpense a mi alrededor, jovencitas, porque sé que me ven mayor. Ustedes creen que la cuarentena es algo tan distante que no se puede comprender, aunque las matemáticas básicas confirman que está... pongamos que a unos meros once años. Cuando tenía veintitantos, me compadecía de las personas de mediana edad, porque era evidente que tenían un pie en la tumba. *Nunca tendré cuarenta años*, pensaba mi joven y engañado «yo». *Siempre tendré este cuerpo elástico y manos de bebé recién nacido. Mi frente amanecerá cada mañana besada por un ángel. Iré a hacer pis solo si quiero y cuando quiera.*

Pues bien, permite que yo y mis colegas de cuarenta y tantos te hablemos de esto. No pretendemos aterrorizarte, pero necesitas saber algunas verdades. No queremos que dentro de once años llores retorciéndote las manos y digas: «¡Nadie me lo dijoooooooo!». De modo que agarra una pluma mientras te vas preparando para algunas cosillas.

Algo raro le ocurre a tu cerebro. Te ha servido bien durante mucho tiempo, pero empieza a hacerte algunas trastadas. No consigues recordar direcciones, olvidas por qué entraste a una habitación y por tu vida que no consigues recordar el nombre de tu tercer hijo («Saca la basura... hmm... quiero decir... ¿Chris?»). Hablarás por tu teléfono móvil mientras lo estás buscando por toda la casa. Nadie te ayuda, porque todos se están riendo de ti; esas personas con las que vives se burlarán de tu conducta. En ocasiones tu marido pronunciará una frase, pero, por alguna razón, no la procesarás y te quedarás mirándolo fijamente, en blanco, como una lechuza, porque las palabras son muy confusas. *¿Qué está intentando decir? ¿Qué son esas palabras? ¿Será una broma? Hablar es difícil.*

¿Y qué decir del aprendizaje? Que el cielo te ayude si necesitas aprender algo nuevo. A esas alturas, la educación es una pérdida de tiempo. Tu cerebro no te ayuda. Está acabado. Ya te llevó a la universidad e hizo el trabajo pesado durante los últimos veinte años; ahora se ha tomado un receso para fumarse un pitillo. Esto es una desgracia, porque es alrededor de ese tiempo que regresas a la escuela intermediaria y secundaria con tu prole. Se espera que ayudes con el álgebra y la química, y que recuerdes todas las cosas, pero tu cerebro se parece al fondo de tu bolso: capuchones extraviados de bolígrafos y basura solidificada. Se siente furioso por los deberes de química. Se enfada por estas nuevas matemáticas. No le gustan estas chorradas. Quiere tomar una siesta mientras estos niños sacan solos las castañas del fuego. Tu cerebro ya acabó el undécimo grado. Ha cumplido su tiempo.

Lamentamos descubrirles esto, jóvenes, pero no pueden adelgazar tres kilos dejando de comer pan durante un día. Sé que esto es difícil de creer. Una vez pensé que si hacía unos pequeños ajustes y salía a trotar un poco durante el fin de semana, esos vaqueros apretados me quedarían bien el martes. Alrededor de los cuarenta, tu cuerpo pasa de esto. Solo quiere estar gordo y feliz. Para demostrar este punto, te diré que puedes comer cuatrocientas calorías al día durante seis semanas y tu cuerpo solamente perderá un kilo y medio. Al día siguiente comerás media tortilla y ganarás ocho kilos y medio. A él no le interesan ni tu dieta ni esos vaqueros. Tu cuerpo quiere vestir pantalones de yoga y las camisetas anchas de tu marido, y los tendrá. Disfruta de tu cuerpo joven. Camina desnuda por delante de espejos de cuerpo completo. Ve al supermercado en bikini. Hazte muchas fotos, porque cuando un día contemples una imagen de cuando tenías veintinueve años, llorarás tus firmes muslos.

La piel. Acérquense todas ustedes que siguen bañándose en la fuente de la juventud: CUIDEN SU PIEL. Ya lo sé... nunca serán viejas ni arrugadas, y estar bronceadas es *sencillamente lo mejor;* pero pronto lamentarán esta necedad. Es extraño lo de la piel, porque a veces tu cerebro te ayuda a sobrevivirle al espejo del baño (recuerda que está confundido, además, la negación es fuerte, joven Jedi), pero cuando ves una foto tuya y comentas: *La luz era muy mala y el ángulo también es patético; además las sombras hacen que mi cuello parezca extraño y... ¡por el amor de Annie Leibovitz! ¿Acaso no saben mis amigas cómo usar los FILTROS DE INSTAGRAM?* Todo es muy angustiante. A veces le balbuceo a algunas partes de mi cuerpo que se resistan al motín: «¡Vamos, espinillas! Cuento con ustedes. Siempre se han portado bien conmigo. No querrán ser como Cuello, Párpados y Pecho, esos flojos casquivanos, ¿verdad? Quédense colgando, nenas, y serán la última parte de mí en ver la luz del día».

Se sorprenderán, pero en algunas cosas se convertirán en una abuela cascarrabias. Ahora estarán pensando: *Buuuuuu, ¡venga ya! ¡Arrasa con todo! ¡Somos jóvenes y hermosas, y aceptamos esta gran vida con los brazos abiertos! ¡Abajo el Hombre! ¡Hazlo a lo grande o vete a tu casa!* No obstante, en unos cuantos años sonarás más a: *Tranquilízate, joven, algunas de nosotras necesitamos dormir un poco.* La semana pasada, mi amiga fue a bailar con su marido y necesitó tres días para recuperarse. Brandon compró entradas de primera fila de palco para ver a Aerosmith, asegurándose de que yo pudiera estar sentada (no puedo estar en pie durante tres horas. No soy olímpica). Evitarán las multitudes, lamentarán la juventud de hoy, despreciarán la música de niños, y saldrán a hurtadillas como ninjas de las fiestas para volver a casa y ver *House Hunters*. Este es su futuro. Reconcíliense con esta idea.

Siempre han sido conocedoras de la cultura pop, pero alrededor de los cuarenta sucede algo extraño. Veo la portada de *US Weekly* y me pregunto: *¿Quién es toda esta gente y por qué esa chica no puede salir de un auto sin que se le vea hasta el cielo de la boca?* Después de un episodio de *Keeping Up with the Kardashians* [Mantenerse a la par de las Kardashian], no puedes más que declarar a Estados Unidos en bancarrota intelectual. (Ver el párrafo anterior sobre la conducta de la abuela cascarrabias). ¿Quiénes son todos estos cantantes adolescentes? ¿Cómo puede ser que todos estos niños en edad universitaria tengan programas en televisión? ¿Cuáles son ahora los nombres más populares para los bebés? ¿Es el nombre de *Emma* tan del 2002? No tenemos ni idea. No conozco esa canción, esa serie o esa estrella. Sigo viendo reposiciones de *Friends* casi cada noche. Cualquier cosa, chicas.

Y ahora escucha, dulce cosita joven. Por si acaso has perdido las ganas de vivir, aquí tienes también algunas buenas noticias. No *solo* serás una gordita arrugada y gruñona que no encuentra sus gafas, aunque las lleve puestas. También tendrás otras cosas buenas, aparte de la incontinencia.

Llegas a saber, de una forma bastante decente, quién eres, qué se te da bien, lo que te gusta, lo que valoras y cómo quieres vivir. Estas preguntas solían quitarme el sueño por la noche. Jovencita, si te preocupas hasta la saciedad sobre propósito y trayectoria, identidad y mérito, los cuarenta te aportan una seguridad que no podrías ni imaginar. Ahora sé en qué soy buena, y lo hago. No voy por ahí deshaciéndome en disculpas, no me siento insegura y corro mi carrera sin pretensiones. Ya no voy de puntillas por mi propia vida, dudando de mis dones y quedándome en mi sitio, demasiado asustada para ir por ello, agarrarlo, orar por ello, soñarlo. Cuando tienes cuarenta años, ya no esperas que te den permiso para vivir. Es hora de hacerlo, y como dijo Maya Angelou: «La vida ama a quien la vive».[1]

Del mismo modo, ya no miro tanto a los lados. Oh estrellas mías, cuando tenía veintinueve años me quedaba tan paralizada por lo que todos los demás estaban logrando. Otras personas eran mi punto de referencia, y la comparación me robó años enteros. Perdí mucho tiempo con envidia, juicio e imitación. Ni siquiera podía encontrar mi propia canción. Luchaba para celebrar los logros de otros, porque eran como acusaciones por mi propia inseguridad. Ahora que soy completamente capaz de alegrarme como loca por mis amigas y colegas, me siento libre de ser yo misma sin esa malla constrictora alrededor de mi corazón; todos los demás son libres de ser ellos mismos, y yo me siento entusiasmada por todas nosotras.

Cuando llegas a los cuarenta desarrollas resistencia. Yo necesitaba con desesperación ser aprobada, incluso hasta hace diez años. La crítica me aplastaba. El conflicto me paralizaba. La desaprobación hacía que me evaporara. Por consiguiente, adopté la senda más segura para atravesar todos los escenarios con tal de evitar el reproche. Como antigua adicta a la aprobación, me habría chocado descubrir que, hasta cierto punto, a tu yo de los cuarenta años no le importa mucho lo que cualquiera piense de ti, de tu forma de ejercer de madre, de tu matrimonio, tu profesión, tu política, tu casa, tu vestuario, tu cabello, tus hijos, tus elecciones, tu iglesia, tu perro, tu nueva puerta principal de color rojo, tus cómodas bailarinas, tus pantalones elásticos, el pelo de tu hija, el raro interés de tu hijo por la música *ska* antigua, tu sudadera favorita de la universidad que aún sigues usando, tu decisión de educación en casa/escuela privada/escuela pública, tu nueva resolución de hacerte vegana, tu sistemática compra de comida envasada, tu decisión de trabajar, tu decisión de renunciar al trabajo, tu idea fortuita de comprar pollos. Sencillamente no importa. Si a las personas no les gusta, bueno, tra la la. No es que te vuelvas imposible de enseñar, de guiar, o incorregible; más bien es que las opiniones diferentes dejan de sacudir cada decisión y las palabras críticas no hacen que te metas en la cama. Crías costra, hermana. Te va a encantar.

Te estableces. Estos niños, este marido, esta pequeña vida que estás construyendo... tú dices *amén*. Tardas más en decirles a todos lo equivocados que están y menos en reunir a tu gente y respirar gratitud. Este es tu lugar. Esta es tu gente. Esta es tu hermosa y preciosa vida. Tal vez te encuentres ya a la mitad de tu camino aquí en la tierra, entonces sueltas el miedo y agarras el contentamiento.

Annie Dillard tenía razón: «Como pasamos nuestros días es, por supuesto, como pasamos nuestra vida».[2] Tú decides que tus días contengan risa y gracia, fuerza y seguridad. Te das cuenta de que la inseguridad, la lucha, la envida y vivir haciendo comparaciones a la larga acaba por definir toda tu vida, y este no es el legado que quieres. Deja que las jóvenes mocosas se peleen; tú y tu gente están ocupadas disfrutando de una botella de vino en el porche.

Así que, indudablemente, tu cuerpo y tu mente se desestabilizan, pero te prometo una cosa: no volverías a tus veintitantos años ni por toda la piel sin arrugas de la tierra. Te gustará estar aquí. Amarás mejor, pisarás más fuerte, te reirás con más ganas. Transmitirás gracia como si fuera caramelos. La vida real atemperará tu arrogancia y tu temor, y adorarás la siguiente versión de ti misma. Todas lo haremos.

Pero por si acaso, usa protector solar todos los días, por el amor de...

CAPÍTULO 3

Sobre la vocación y las madres haitianas

*No confundas nunca tu vida y tu trabajo. Eso es lo que
tengo que decir.*

Lo segundo solo es parte de lo primero...

*Hay miles de personas ahí fuera con el mismo título que
tú tienes; cuando consigues un empleo, habrá miles
de personas que hacen aquello que tú quieres hacer
para vivir.*

*Pero tú eres la única persona viva que tiene la custodia
exclusiva de tu vida.*

Tu vida particular. Toda tu vida.

*No solo tu vida detrás de un escritorio, o tu vida en el
autobús, o en el auto, o delante de un ordenador.*

No solo la vida de tu mente, sino la vida de tu corazón.

—ANNA QUINDLEN[1]

He tardado cuarenta años en evaluar la diferencia entre el
evangelio y la versión evangélica estadounidense de este. Durante siglos fueron una misma y única cosa, sin desdecirse, sin

prisioneros, sin restricciones. Filtré el reino a través de mis lentes de clase media alta, blanca, aventajada y denominacional, ¡y vaya si encontré una forma de hacer que todo encajara! (Fue una tarea difícil, pero me las arreglé. Por favor, siéntete impresionada). Pero entonces, Dios cambió mi vida y todo se volvió extraño. ¡Descubrí al resto del mundo! ¡Y a otras culturas! ¡Y diferentes tradiciones cristianas! ¡Y a personas muy, muy diferentes a mí! ¡Y la pobreza! Luego, el sistema en el que Dios operaba según mis reglas empezó a desintegrarse. Comencé a oír mi narrativa del evangelio por oídos de los demás, y toda una gran parte, más bien gigantesca, de ello ni siquiera tenía sentido para mí. Algunos valores, perspectivas y promesas que le atribuí al propio corazón de Dios solo funcionaban en mi contexto, y eso que no soy teóloga, pero sin lugar a dudas eso es problemático.

Ahora uso un punto de referencia bíblico. Nos referiremos a este criterio para cualquier pregunta difícil, cualquier idea, tema, valoración de nuestra propia obediencia, cada «debería» o «no debería» y «será» o «no será» que le adscribimos a Dios, cada cuña teológica. Es este: *Si esto no es cierto también para una pobre madre soltera cristiana de Haití, no es verdad.*

Si un sermón promete salud y riqueza a los fieles, no es verdad, porque esa teología convierte a Dios en un absoluto monstruo que solo bendice a los ricos occidentales y menosprecia a los cristianos de África, India, China, Sudamérica, Rusia, la Appalachia rural, los barrios pobres de Estados Unidos y cualquier otro lugar donde un creyente sincero sigue siendo pobre. Si no es cierto también para una pobre madre soltera cristiana de Haití, no es verdad.

Si la doctrina eleva el estatus de madre casada con hijos a su más alto llamado, no es verdad, porque omite a las creyentes solteras (cuyo estatus Pablo considera preferible), las viudas, las que no tienen hijos por elección, por destino o por pérdida, las divorciadas y las célibes gay. Si estas personas son ciudadanas de segunda clase en el reino, por no estar casadas y tener hijos, entonces Dios ha excluido a millones de personas de la obra del evangelio y me imagino que solo deberían comer piedras y morir. Y si no es cierto también para una pobre madre soltera cristiana de Haití, no es verdad.

La teología también tiene que ser verdad en todas partes, o no lo es en ninguna. Esto nos ayuda a desenredarnos de la narrativa del Dios estadounidense y deja a Dios libre para que sea Dios, en lugar de «mi Dios de bolsillo» que he llevado durante tanto tiempo. Cuando declaramos lo que Dios es o lo que no es, suena a restricción, porque a veces la descripción que hago de los caminos de Dios se parece, sospechosamente, al Sueño Americano y haría mejor en contenerme. A causa de la madre soltera haitiana. Tal vez yo debería hablar menos por Dios.

Esto me lleva a la cuestión que nos ocupa, otro tema popular que se me pide que pontifique: *¿Cuál es mi llamado?* (Ver también: *¿Cómo conozco mi llamado? ¿Cuándo conociste tu llamado? ¿Cómo puedo conseguir tu llamado? ¿Te ha dicho Dios cuál es mi llamado? ¿Puedes sacarme de mi llamado?*).

Ah, sí, «el llamado». Es, por supuesto, un concepto cristiano favorito por estos lares. Este es el problema: las Escrituras apenas confirman nuestro escurridizo llamado: la misión individual que es el centro y el propósito de vida que todo protestante esforzado quiere descubrir. Encontré cinco versículos, tres de los cuales se referían a la salvación y no a la descripción de un trabajo (Ro 11.29; 2 P 1.10 y Heb 3.1). Aquí están los otros dos:

«Por eso yo, que estoy preso por la causa del Señor, les ruego que vivan de una manera digna del llamamiento que han recibido» (Ef 4.1).

«Por eso oramos constantemente por ustedes, para que nuestro Dios los considere dignos del llamamiento que les ha hecho, y por su poder perfeccione toda disposición al bien y toda obra que realicen por la fe» (2 Ts 1.11).

Contextualmente, el llamado de Dios aquí es amplio, y se refiere principalmente a ese gran misterio glorioso en el que nos convierte en una familia. El llamamiento es la invitación; la vida digna y el «deseo por la bondad» y «cada acción impulsada por la fe» son los resultados completamente indefinidos. Esta estructura es cierta para cualquier creyente de cualquier lugar. Las vidas que merecen la pena florecen bajo el sustento de la gracia en cada contexto, cada país. La bondad, deseada e implementada, la demuestran los cristianos dondequiera que hayan sido liberados.

Amiga lectora, no pretendo vilipendiar tu búsqueda de un llamado, porque comparto el deseo por el propósito. Más bien quiero soltar algunas de sus cadenas fabricadas. Veo a mujeres que fuerzan una pausa en su vida presente, mientras esperan decodificar sus «llamados». *Cuando mis niños sean mayores, entonces... Cuando mi plataforma sea más amplia, haré... Cuando sea mejor en lo que hago, entonces... Cuando reciba un rayo del cielo...*

De muchas maneras, la percepción del llamado es un lujo de los privilegiados. Un propósito de vida no necesita ser autentificado mediante un plan de negocio, una exención de impuesto modelo 501c3, una página web, un salario o una audiencia. Trabajamos con diligencia en nuestro «llamado», porque somos educadas y económicamente estables, de manera que muchas de nosotras esquivamos el honor del trabajo ordinario, y en su lugar nos preocupamos por la percepción de estar desperdiciando nuestra vida.

Nuestra madre soltera en Haití no toma nada de esto en consideración. Trabaja duro porque no le queda otro remedio. No intenta discernir un llamamiento difícil de conseguir. Está criando a sus bebés, trabajando para vivir, haciendo lo mejor que puede con lo que tiene. Tal vez su propósito no se aventure a salir de los muros de su hogar. Jamás conoceremos su nombre. Probablemente no intervendrá en el liderazgo, en la innovación, en la abogacía ni en la revolución social.

A pesar de ello, también es digna del llamado que ha recibido. Una vida digna implica amar como lo hacen las personas amadas, compartiendo la increíble misericordia con la que Dios nos mimó primero. (De veras que es increíble). Significa restaurar a las personas en conversaciones ordinarias y encuentros periódicos. Una vida digna merece la pena ponerse de manifiesto cuando es lo único que se puede hacer. La bondad se corrobora en millones de formas ordinarias por todo el globo, para el rico y el pobre, el famoso y el desconocido, en medidas enormes y en diminutos momentos santos. Puede implicar una carrera o no. Puede incluir componentes tradicionales o no.

A la mamá que está en casa con un montón de pequeños: puedes vivir una vida digna ahora mismo. Tu llamado es para hoy. Dios te hace digna a medida que deseas el bien para tus hijos, suples sus necesidades y alimentas sus pequeñas almas. No hay llamado futuro más importante que tu estado actual. Toda posibilidad buena y valiosa es tuya hoy. Tienes acceso al reino ahora: el amor, el gozo, la paz, la paciencia, la amabilidad, la bondad, la fidelidad, la ternura, el dominio propio. Ese es el llamado de cada cristiano, y el evangelio se demuestra perfectamente por medio de la labor cotidiana de ser padres.

Como fuerte obrera, que va al trabajo todos los días y paga las facturas, puedes vivir una vida digna hoy. Es posible que tu profesión no implique una labor «aprobada para el cristiano», pero esto no significa que no estés caminando en tu llamado. Tu forma de hablarles a tus colaboradores, tu manera de trabajar con diligencia, tu dignidad como trabajadora digna de su salario, esto es una vida digna. ¡Cada bondad que Dios nos ha pedido que manifestemos está disponible hoy para ti! A través del trabajo ordinario las personas pueden ser liberadas, valoradas y cambiadas, incluida tú. El reino de Dios no vendrá con más poder en cualquier otro lugar que con el que vendrá en tu vida hoy.

Visionaria, superconectada con el que parece ser el trabajo de tu vida, eres maravillosa. Algunas hacen carrera de lo que aman. Pero tu llamado no empieza y termina con tu trabajo. Las cunetas están llenas de gente agotada por el frenesí de su trabajo. El llamado es un gran paraguas bajo el cual vive la «profesión». Es una parte de tu misión, pero si se esfuma, fracasa, cambia o desaparece, todavía puedes vivir una vida digna llena de actos impulsados por la fe y la bondad.

Tal vez podamos salir de la olla a presión autoimpuesta del «llamado», y en su lugar considerar tan solo nuestros «dones». Lo primero parece la descripción de un empleo, pero lo segundo es exactamente como Dios nos programó. Sin duda estamos dotadas para la obra específica de la fe, pero los dones pueden ser cosas ordinarias en medio de la vida real. ¿Tu don de la oración? Puedes usarlo cualquier jueves, al teléfono con una amiga, en el silencio de las primeras horas de la mañana. ¿Tu don de enseñanza? Puede ser algo parecido a una clase o profesión, pero también podría ser en una comida, a través de un correo electrónico o en tu propia casa. ¿Tu capacidad especial de alentar? Hermana, ese don se necesita en todas partes, cada día, para cada persona.

Este es tu llamado.

Esto tiene mucho sentido para nuestra madre soltera en Haití.

No necesitas esperar un nuevo día para dilucidar cuál es tu llamado. Lo estás viviendo, querida lectora. Tus dones tienen un lugar ahora mismo, en el trabajo que tienes, en tu etapa de vida, con las personas que te rodean. El llamado casi nunca es un trabajo grande o famoso; rara vez es esta la forma en que viene el reino. Aparece en silencio, de forma subversiva, casi invisible. La mitad del tiempo no es algo planificado, simplemente las cosas de la vida en las que un precioso ser humano interviene, las buenas nuevas personificadas.

Estamos llamadas a esta obra y tal vez no parezca gran cosa, pero si tú interpretas tu nota, yo la mía y ella la suya, juntas crearemos una hermosa canción que suena a libertad para los cautivos y buenas nuevas para los pobres. Ojalá que el quebrantado de corazón sea sanado y las cenizas se conviertan en belleza en nuestra generación.

Dios, haznos dignas de tu llamado.

Capítulo 4

Preocupaciones
por la moda

Juntaos, corderitas, para que yo pueda prestarles liderazgo y confesión a algunas cuestiones graves. Este no es momento para perder el tiempo. Los asuntos siguientes son serios y debemos liberar a nuestras generaciones de estas aflicciones. Así es como se nos recordará en películas, documentales y en los disfraces de nuestros nietos cuando hacen las veces de «los 2010», así que deberíamos ser más estrictas con nuestro legado.

Escucha, algunas tendencias de la moda, capturadas con regularidad por los iPhone y los medios sociales, están asaltando nuestra cultura y debemos ocuparnos de ellas. Sospecho que tú, como yo, somos críticas y culpables; por tanto, esto es un manifiesto *y* un confesionario. Debemos arrepentirnos y ser purificadas de las siguientes modas.

La primera es una tragedia específica que yo denomino Leggings Como Pantalones/Leotardos Como Leggings (LCP/LCL = no). Y no me hagas ahondar en la crisis que representa Leotardos Como Pantalones (LCP = buscar intervención profesional).

He aquí la advertencia: los Leggings Como Pantalones (LCP) son permisibles si se obedece la regla siguiente. Tus partes privadas quedan cubiertas por una falda, una sudadera o un vestido. Hay que entender por partes privadas las zonas al norte de la parte superior del muslo y al sur de los michelines. No quiero ver tus zonas internas. No quiero saber cómo es tu ropa interior (o que no llevas ninguna). No puedo manejar ese conocimiento. Estoy comprando en Target y siento que te estoy manoseando. A menos que seas Jessica Alba, la zona de la ropa interior no es lo mejor de ti, cielo. El mundo ya es duro de por sí; las personas no deberían verse obligadas a circunnavegar nuestras fábricas de bebés. Con una camiseta larga, LCP es plenamente aceptable y hasta se celebra, porque la tela extensible puede llegar a ser piadosa.

Pasamos a los Leotardos Como Leggings (LCL). Los leotardos son primos de nuestro viejo archienemigo: los *pantys*. ¿Te acuerdas de ellos? En 1988 yo usaba *pantys* color piel con bailarinas de color blanco como si fuera alguien importante, hasta que descubrí que los *pantys* son un asco. De modo que ascendieron a «leotardos», ligeramente más sustanciales y con frecuencia etiquetados como «opacos». Pero cuidado, aquí es donde las cosas se ponen feas. En realidad, los leotardos no son opacos. Pueden ser oscuros, por supuesto, pero los siguen fabricando con ese material fino como ralo cabello de ángel. En otras palabras: se trasparentan. De modo que cuando ocurre un lamentable incidente LCL, significa que podemos ver tus bragas. Es demasiada carne por sorpresa. Preferiría que te pasearas en bragas y al menos sabría a qué atenerme. Si te tienes que inclinar con tus LCL, crea una situación de exposición «trasera» que haría desesperar a tu madre. LCL es a veces el resultado de unos leggings reales que han dado mucho de sí por haber sido estirados sobre la carne de nuestros muslos demasiadas veces. Los leggings simplemente están acabados. La tela se ha desintegrado de puro agotamiento, y así como así, la gente puede ver tus partes. ¿No estás muy segura de LCL? Pregúntale a una amiga de confianza. Inclínate para ver si resisten la prueba de exposición «trasera». No hay otra manera. Es algo que pone a prueba tanto a tus pantalones como la amistad.

Permanezcamos en este ámbito general. Con regularidad cometo esta ofensa y no tengo previsto arrepentirme: ropa interior normal con pantalones de deporte. (A efectos de este ensayo, los «pantalones de deporte» se pueden vestir durante el ejercicio real o, por decirlo así, simplemente para vivir tu vida, porque con los pantalones elásticos una se siente muy bien). Comoquiera que los llamemos —pantalones de deporte, de yoga, o de «trabajo desde casa»—, están hechos de *lycra*, porque al parecer algunas personas los usan para hacer cuclillas o saltos con las piernas separadas, o ejercicios por el estilo. (Otras personas también los usan para trabajar... Producen *libros con palabras llenas de sentido e importantes*, que también se merecen una tela perdonable).

De todos modos, los pantalones de deporte destacan el trasero superior y el inferior creado por la antes mencionada ropa interior. Esta corta la parte más carnosa de nuestro cuerpo sin ningún camuflaje. A esto se le llama «marca de las bragas», y no es atractivo ni aunque se trate de Jessica. Nuestros gruesos y recios vaqueros suelen enmascarar este fenómeno, pero no es el caso de nuestros pantalones elásticos de deporte. Ellos le gritan al mundo: «Esta es la carne de mi trasero apretada por mi ropa interior saliéndose y descendiendo sobre la parte trasera de mis muslos, donde solía vivir una hermosa curva. Sin embargo, ahora parece un trágico desparrame de grasa, y te lo he presentado de la forma más visible que he podido».

No tengo planes de remediar esto, porque tengo cuarenta años y prefiero contención a atractivo visual. Si te encuentras detrás de mí en el gimnasio (bueno, está bien, detrás de mí en la oficina de correos), te presento mis sinceras disculpas por la agresión óptica. No puedo abandonar mi ropa interior ni mis pantalones de deporte, así que estamos en un callejón sin salida. Ve con Dios.

En el momento que escribo este ensayo, han vuelto los pantalones de peto. Es demasiado doloroso hablar de ello. Señor, te ruego que para cuando este libro salga de imprenta hayas hecho volver al polvo hasta el último par. Mi generación ya sufrió este golpe en la década de los noventa. Las fotografías viven en los álbumes de recortes y no se pueden eliminar. Yo llevé el mío con jerséis cuello de cisne, algo que convertía mi cuadrante superior frontal en una verdadera calamidad. ¡Es demasiado pronto, Dios! Las heridas siguen frescas. ¡Salva a la juventud de hoy, te lo rogamos humildemente!

Lo que sigue lo abordo poco a poco, porque son ustedes mis amadas hermanas, pero que suban al estrado los vaqueros de cinturilla alta, los llamo como testigos. Ya eran malos la primera vez y ahora son ofensores reincidentes. (Si necesitas que te lo recuerde no tienes más que ver los primeros episodios de *Friends*). No puedo estar a favor de una cintura de cuarenta centímetros de alto. Siete centímetros más y sería un traje pantalón sin tirantes. ¡Que el cielo te ayude si tienes aunque sea una diminuta bolsa de carne en el vientre! Los vaqueros de cinturilla alta son, básicamente, el escaparate de tu bola de grasa. Es verdad que tu cintura parece más fina en tu caja torácica, pero el trasero se encuentra en la mitad de la longitud de tu cuerpo. Parecen las nalgas de mi abuela King, con todos mis respetos y descanse en paz, pero no es un cumplido. (Abuela, tenías un gran «portaequipajes». Cada una tiene sus puntos fuertes).

Señores, ustedes no van a salirse con la suya. No son las mujeres las únicas en cometer asesinato en la moda. Señoras, no podemos permitir que nuestros hombres vistan pantalones piratas o capris, como yo los llamo, *varonpris*. ¡Resulta tan estresante! No debería existir esa opción de pantalones masculinos a media pantorrilla. Los varonpris nos confunden; son para los hombres lo que eran para las mujeres las mal concebidas faldas pantalón («¡por delante falda y por detrás pantalones cortos!»). ¡Decídete, hombre! O te pones bermudas o vistes pantalón; no tienes que casarte con ellos y hacer un bebé varonpri. Así es como funciona el mundo. Hay algunas cosas que no tienes por qué tener. ¡Seguimos llevando nuestros pantalones de peto y mira dónde nos han llevado!

También tengo cosas que decir en cuanto a las camisetas masculinas sin mangas y con bolsillo en el pecho, pero debemos seguir avanzando.

Hablemos de nuestros hijos. Vivo en Austin, tierra de *hipsters*, así que sé de lo que hablo. (Evito esa sociedad a pesar de ser dueña de unas gafas irónicas, múltiples tatuajes, discos antiguos y tarros de cristal Mason, así que permítanme esta pequeña hipocresía). A mí me encantan los niños bien vestidos. Me gustan de verdad. Pero en los parques de Austin los niños parecen anuncios de la tienda Anthropologie en miniatura con un lado de tormento interno. Aquí, los niños de siete años no necesitan bufandas infinitas de gruesa lana como accesorio de moda ya que nuestra ciudad oscila básicamente entre el verano y menos verano.

Te lo juro: vi a un niño con el cuello de la camisa alzado y una corbata a la inglesa, y me lo imaginé en el club con su madre: *Ashby, sé un cielo y sírveme un dedito de Bourbon mientras que papi acerca el yate.* ¡Pobre Ashby! Su corbata inglesa no resistirá este sucio parque de juegos, y esas cosas tardan un mes en venir y bajo pedido especial.

¡Lo único que estoy diciendo es que hay un lugar para ropa de marca baja, gente! A veces es necesario que los niños vistan bermudas de vaqueros y camisetas porque, bueno, son niños y no instalaciones para actuaciones artísticas. (A menos que la pieza se titule *Niño sobreestimulado se desgarra la ropa en el tobogán del parque, se derrama el zumo por la camisa y se hace pis en los pantalones: moda infantil en tres actos).* Es probable que necesitemos menos estudiantes de tercer grado con sombrero de fieltro y alisado brasileño en el cabello. Tranquilicémonos un poco. Acabaré pidiendo disculpas por mi metedura de pata personal, incluida la exageración en los accesorios (mejor siete pulseras que una sola), un notorio y excesivo uso del moño, collares para hacer que las camisetas parezcan más «elegantes» y una utilización inadecuada de chancletas. Y, por supuesto, el dilema de la ropa interior/pantalón elástico. Bueno, está bien, también soy exagerada con los accesorios de mis niños pequeños, ya que una niña de corta edad probablemente no necesita una elaborada parafernalia para el cabello, pendientes, faldas de tul de varias capas, calcetines a rayas hasta la rodilla y zapatos tipo merceditas.

Pero nunca dejaré que Brandon salga con varonpris, así que, ¡de nada, mundo!

Capítulo 5

Corre tu carrera

Me niego a sentirme avergonzada por esto: me encanta el programa *American Idol*. Lleva trece temporadas y sigo dedicándole espacio en el grabador de vídeo digital cada semana. Y ni siquiera me importa, chicas. Mis amigos musicales lo son todo: «Daña la integridad de la licencia creativa y fabrica una base de fans que hacen que la verdadera artesanía sea esto y lo otro», y otras palabras salen de sus bocas, y yo exclamo: «¡Tú no eres mi jefe!».

Semana tras semana, bueno... está bien, año tras año me siento en mi sofá y le sonrío al televisor. Luego saco mis actuaciones favoritas de la noche y le sonrío a mi computadora portátil. A continuación, ellos ganan o pierden, y yo lloro; y ellos abrazan a sus padres, y yo sollozo; y ellos son sorprendentes y a mí se me hace un nudo en la garganta. Cada semana.

Me siento orgullosa de ellos.

Me inspiran las personas que hacen lo que mejor se les da.

¡Cielos! Si es que nacimos para hacer cosas, ¿no es así? En verdad, Dios puso dones en nuestra vida. Todas somos buenas en algo. Algunas se ganan la vida con sus dones y otras sencillamente bendicen al mundo. Estoy pensando en varias mujeres que son realmente buenas en la amistad. Son amigas tan espectaculares para mí que ni siquiera es justo. Y otras a quienes admiro constantemente por ser tan buenas madres. Dos amigas hicieron una fiesta creativa, divertida, adorable para sus hijas el pasado fin de semana y yo estaba perpleja, porque no soy una Mamá de Fiestas Divertidas. (Sencillamente no tengo esa faceta, pero cuando la presencio en otra persona, no paro de decir: «¡Bravo!», y «¡Gracias por invitar a Remy para que pueda guardar en su memoria infantil estas fiestas divertidas; tal vez el tiempo pueda atenuar sus recuerdos y crea que alguna vez yo organicé una!»).

No me gusta que la gente les dé poca importancia a sus dones. Existe una diferencia entre la humildad y la inseguridad, y la modestia no le hace a nadie ningún favor. Nuestros hijos nos observan, y al actuar así les enseñamos a dudar, a buscar excusas y a menoscabarse. ¿Queremos que nuestros hijos, al reflexionar sobre su madre, no tengan la más mínima idea de qué nos gustaba? ¿De qué se nos daba bien? ¿De las cosas que nos aceleraban el pulso y a qué le daba vueltas nuestra cabeza? ¿Acaso no queremos que nos vean llevando a cabo aquello que mejor hacemos?

Mi madre volvió a la universidad cuando ya tenía a cuatro hijos estudiando, en la escuela secundaria, en la escuela de enseñanza media y en la escuela elemental, y siempre ha sido una fuente de orgullo para mí. En su corazón era maestra, y necesitaba tener un título acorde, así que persiguió su sueño desde mucho antes de que fuera conveniente, oportuno o fácil. Sí, volvió a recaer en el salvado de avena (recuerda 1990) y compramos vestidos de gala en las tiendas, pero la vimos volar. Nunca se nos ocurrió conformarnos con menos.

¿Qué se te da bien? ¿No estás segura? ¿En qué dicen otros constantemente que eres buena? Los demás suelen identificar tus dones mucho antes que tú. Tal vez tengas madera para una profesión. En la mayoría de los casos, alguien te pagará por hacer lo que te gusta. Tal vez tengas un empleo que odies, hagas trabajos que no te importen y te sientas atascada en la inercia. ¿Existe alguna descripción de empleo que lleve tu nombre escrito?

¿Sabes que siempre, durante toda mi vida, me gustó escribir, pero nunca me atreví a pensar que pudiera ser un trabajo? Fui maestra de la escuela elemental, una de las profesiones más nobles, pero no me gustaba y me sentía atrapada. Más tarde me quedé en casa con los bebés que tuve cada dos veranos, y cuando el más pequeño cumplió dos años, le dije a Brandon: «Según nuestro programa, este verano me toca tener un nuevo hijo, así que voy a parir uno de una clase distinta». Y escribí mi primer libro. Obviamente, escribir un libro que nadie te ha encargado teniendo tres hijos por debajo de los cinco años es la Elección de una Insensata, pero en ocasiones echas fuera la lógica y corres tu carrera.

¿Y sabes otra cosa? Pensé que el humor era una de mis cualidades que debía desechar para siempre. Con toda seguridad no tenía lugar en la Obra de Jesús. Francamente, lo consideraba una responsabilidad, como si tuviera que vencerlo y ser más seria, por el amor. (¿A qué clase de maestra bíblica le gusta Will Ferrell?) Imaginé que debería ocuparme de lo importante y controlar el humor, porque soy una mujer adulta que trabaja para Jesús. ¡Pero adivina una cosa! Dios creó un paquete completo. Todo cuenta. No hay cualidades desechables. En realidad, esas cualidades pueden orientarte en la dirección correcta. No se desperdicia nada: ni una característica, una preferencia, una tragedia, una rareza, nada. Tú eres todas esas cosas; todo tiene un propósito, y se puede usar para un bien extraordinario y glorioso.

Tal vez lo mejor que tienes no te conseguirá un sueldo, pero será tu forma de brillar, de resplandecer, de cobrar vida y de bendecir al mundo. ¿Me permites legitimar tus dones? Solo porque no recibas un talón de pago no significa que tengas que encogerte, implicarte poco o renunciar a todo. Trabaja en lo tuyo. Interpreta tu nota. Todos estamos observando y aprendiendo, conmovidos. Estás haciendo que el mundo sea más agradable, más hermoso, sabio, divertido, rico, mejor. Préstales a tus dones la misma atención que les prestarías si te pagaran por ello. (¡O si te pagaran bien! Algunos hacemos nuestro mejor trabajo, el de mayor significado, por una miseria. No te avergüences y dejes tu carrera por un cheque más cuantioso. Yo no conseguí vivir como escritora durante años. En una ocasión, cuando mi vecina se enteró de que yo era una autora cristiana, me comentó: «¡Ah! ¿Y hay mercado para eso?». Le dije: «No tengo la más mínima idea»).

Corre tu carrera. Tal vez necesites invertir en tus dones. Toma clases. Asiste a una conferencia. Inscríbete a un seminario. Inicia ese pequeño negocio. Cuelga esa página web. Amplía algún espacio. Di que sí a esa cosa. Trabaja con un mentor. Deja de minimizar aquello en lo que eres buena y lánzate de cabeza sin disculpas. ¿Sabes quién hará esto por ti? *Nadie. Solo tú.* No entierres ese talento, porque lo único que produce el temor es un don dormido en una tumba poco profunda.

Muchos salieron con el rancio estereotipo —«Estoy esperando que Dios abra una puerta»—, y él dice: «Te amo, pero ponte en marcha, corazón, porque, por lo general, perseguir el sueño que alberga tu corazón parece sorprendentemente poco trabajo. No te limites a estar ahí parada, márcate unos pasos». (Con frecuencia, Dios suena igual que Young MC). Eres buena en algo por una razón. Dios te diseñó de ese modo, a propósito. No es falso ni una casualidad, ni pequeño. Son la mente y el corazón, las manos y la voz que se te han dado, así que úsalos.

Deja que el resto de nosotras te sonriamos mientras tú corres tu carrera. Haz que estemos orgullosas. Que nos sintamos inspiradas y agradecidas porque Dios te creó para que realizaras esta actividad como toda una campeona. El tiempo nunca es correcto. Olvídalo. Rara vez cae, sin más, en tu regazo. Es probable que no se te garantice el éxito. Podría ser algo arriesgado. Te requerirá sacrificios y tal vez tu gente y tú puedan salir con las piernas temblorosas, sí, temblorosas. Pero allá vas porque no fuimos creadas para quedarnos quietas, aunque sea seguro y familiar y se te garantice que no caerás ni tropezarás ni te aburrirás.

Fuimos hechas para correr.

CORRE.

Te estoy sonriendo. Todas lo estamos haciendo.

CAPÍTULO 6

No comprar

Acabo de ver un anuncio publicitario de espuma para el cabello que no solo combatirá con esta humedad de Texas y me convertirá en una modelo de peinados, ¡sino que también hará que la gente se ría histéricamente por mi ingenio! *¿Quién podía imaginar que yo fuera tan divertida?* Parece ser que mi nuevo peinado atraerá a jóvenes amigas de buen parecer y multiculturales, y que correremos por un campo riendo mientras nuestro cabello salta y resplandece sobre nuestros hombros.

¡Bravo, espuma!

Tengo algunos consejos para los anunciantes. Allí encerrados en sus laboratorios olvidan a las consumidoras habituales del mundo real, pero aquí estoy yo para remediarlo. Queremos que sepan que nuestro cerebro es realmente funcional, y que además, tenemos un entendimiento bastante decente de la lengua, incluidas esas palabras que no quieren decir nada.

Sí, algunas nos estamos haciendo mayores. Lo sé. Está bien. Es verdad. Nos conocen bien. Sin embargo, cuando venden productos con palabras inventadas como *módulos de colágeno* y *esferas de liposoma*, nos producen sentimientos de enojo.

Cuando prometen que sus «ceramidas sintetizadas idénticas a la piel harán retroceder las señales visibles del tiempo sobre la piel estropeada», ¿han tenido en cuenta el aceite bronceador que me doy en mi cara de adolescente y cómo rechazo los sombreros para evitar un bronceado irregular? ¿Acaso debería creer que pueden revertir décadas de payasadas solares? *¿Con sus ceramidas?* ¡Vamos hombre! A menos que tengan un DeLorean que viaja en el tiempo, estas arrugas y estas manchas solares han venido para quedarse.

Y otra cosa... con respecto a las celebridades que los avalan: el día que Jennifer Lopez se moldee el cabello con L'Oreal Ever-Sleek y que Halle Berry maquille sus pestañas con Maybelline será el día que las revistas dejen de hacer castings para encontrar a modelos de veintidós años para los anuncios de cremas antienvejecimiento («¡Lo único que ayudará a que esa estudiante universitaria luche contra los males del envejecimiento es su JUVENTUD FÍSICA Y BIOLÓGICA y no nuestra carísima crema!»). Eso es puro cuento.

Anunciantes, sabemos que esas mujeres ricas y famosas tienen esteticistas y masajistas permanentes en nómina, así que no van a Walgreens en busca de productos de belleza. Sabemos que el cabello de Sarah Jessica Parker no es Garnier Nutrisse Tono Natural # 60 marrón claro natural. Preferiríamos que admitieran: «En realidad, Eva Mendez no usa nuestro brillo labial, pero hemos incluido una foto de ella en nuestro anuncio, porque está pensando en ti con cariño mientras le inyectan pigmento sanguíneo de bebés de hadas».

Escuchen, solo pedimos que nos cuenten la verdad. De veras que hasta podríamos llegar a creer que nos dijeran: «Este producto no realzará tus chacras ni transformará tus relaciones turbulentas, pero eliminará casi por completo las manchas de tu bañera. Es lo mejor que podemos hacer con esto». Perfecto. ¿Mejor todavía? Que pongan a una madre de aspecto cansado y pelo sucio, vestida de pantalones de yoga rotos frotando la bañera con una expresión en el rostro que tenga sentido en lugar de una señora bien peinada, con pantalones pirata de lino que sonríe ante tan fascinante experiencia. Nunca en toda mi vida me he sentido encantada mientras frotaba la ducha. Espero que me entiendan.

Por el contrario, ustedes, los creadores de Productos Que Se Anuncian en Televisión, pueden probablemente ocultar la total derrota que sus actores experimentan durante las tareas ordinarias, como usar el control remoto con los brazos metidos debajo de una manta (#laluchaesreal) o cortar un tomate en lonjas. Estos retos no incapacitan a toda una generación como sus investigadores del mercado les han hecho creer. No es verdad que «trocear verdura al estilo antiguo» dure «una eternidad» y no estoy del todo segura de que «eliminar la tarea más frustrante de la cocina con el innovador Rompe Huevos EZ» haya medido la capacidad de la cocinera media de cascar un huevo sin sufrir una crisis de nervios. Solo estoy diciendo que sus anuncios tienen mucho de teatro y muy poco que ver con nuestras necesidades acuciantes.

Tal vez el «anuncio en televisión» debería dirigirse al mercado de las celebridades endosantes y saltarnos por completo a nosotras, porque son ellas las que de verdad tienen problemas. Hace poco, Gwyneth se lamentaba de la antigua frustración con los conserjes parisinos: «Cuando vas a París y tu conserje te envía a algún restaurante, porque ellos luego le van a dar una propina, es como: "No. ¿Dónde debería estar yo en realidad? ¿Dónde está el gran bar con vino orgánico? ¿Dónde puedo depilarme las ingles en París?"».[1]

Dios la bendiga.

Eh, hermanas, ¿puedo inyectar aquí algunas opiniones? La publicidad dirigida a las mujeres es un desastre. Por una parte, nos bombardean con un mensaje no tan sutil: «Se están haciendo mayores y esto es lo peor que les ha ocurrido jamás». Según la industria de la belleza, ¡con las compras correctas (guiño) podemos reclamar nuestra juventud, arreglar nuestros patéticos cuerpos después del embarazo y engañar a todo el mundo! Olvídate de cómo las imágenes que nos ofrecen son absolutas obras de ficción. Ellos venden caricaturas, y aun cuando nuestra mente reconoce el engaño, nuestras manos van prontas hacia la cartera. Creemos en su asesoramiento.

«No eres lo suficientemente hermosa, pero podemos arreglarlo».

Esta misma industria cree que la vida real es demasiado dura para nosotras, pero ellos están aquí para ayudar. De forma más notable, la industria alimentaria. Lo que quiero decir es que al parecer no podemos cocinar como lo hicieron todas las generaciones que nos precedieron en la historia. Los anunciantes sugieren que un buen desayuno está completamente fuera de nuestro alcance. ¿Cascar un huevo? ¿Cómo podríamos hacerlo? ¡No podemos manipular comida de verdad por la mañana! ¡Ayúdennos, señores comerciales! ¡Dennos algo rápido! ¡Ayúdennos en este difícil enigma del desayuno con cosas de comer que han inventado ustedes en sus laboratorios!

Mientras tanto, freír un huevo y servirlo sobre una tostada requiere tres minutos.

Deberíamos dejar de escuchar este sinsentido. Las mujeres han alimentado a sus familias con comida buena, de la de verdad, desde la creación. Sencillamente no es cierto que cocinar sobrepase nuestra capacidad. Para alimentar la máquina, los anunciantes usan palabras de moda como *rápido y fácil, sin problema, listo en tan solo unos minutos, calienta y sirve.* ¿Pero acaso queremos tan siquiera esas cualidades alrededor de nuestra mesa? ¿Cuándo se convirtió el trocear cebollas y pelar zanahorias en algo tan detestable? ¿No es así como han alimentado siempre las mujeres a su gente? ¿No lo han hecho con cosas que procedían de la tierra real?

Me desagrada la imagen que los vendedores pintan de nosotras: madres extremadamente ocupadas sin tiempo ni energía para alimentar bien a nuestra familia. No me gusta que retraten el cocinar como una imposición insoportable; una molestia que vale más dejar a los profesionales. Desde luego no me agradan sus opciones que constan por completo de comida de ficción. (La comida ya hecha y congelada en el súper no es precisamente una «alternativa saludable»).

Es una locura. La cocina no es una aflicción y no somos mujeres incapaces que no puedan ni romper un huevo. Deberíamos ignorar esos anuncios y recordar que alimentar a las personas con comida de verdad ha sido siempre una buena y noble tarea. Nada me relaja tanto los hombros como poner música de Ben Howard, servirme una copa de Cabernet y empezar a preparar la cena. Con solo echar un poco de cebolla y ajo en aceite de oliva, tu día mejora de manera exponencial. En realidad, cocinar no es difícil en absoluto. Es el sencillo mecanismo que nutrió a cada generación en el tiempo.

Los mensajes que nos dicen que no somos lo bastante hermosas, jóvenes, delgadas o deseables son basura. Cualquiera que insinúe que somos incapaces de cuidar de nuestra familia está mintiendo. Si crees en el personaje que la cultura del *marketing* ha elaborado —indefensa, demasiado estresada, abrumada, incompetente (sin sus productos)—, aquí estoy yo para decir lo contrario. No eres una idiota ni una damisela en apuros. Eres inteligente y capaz, y hacerse mayor no es una tragedia. No los creas. Aunque algunas observaciones sean descriptivas, no tienen por qué ser preceptivas.

¡No eres un absoluto y completo desastre! Al menos no más que el resto de nosotras. Puedes hacer cosas difíciles. (Algunas «cosas difíciles» son en realidad «cosas fáciles» recalificadas de difíciles). Eres más que la rentabilidad de alguna empresa y no necesitas sus trucos para vivir una vida hermosa, con sentido. Podemos reclamar nuestro mérito sin bailar como monos.

Pero solo por si acaso, tengo dos centímetros y medio de pelo canoso, encantadoras lectoras; así que estoy dispuesta a teñirme el cabello con un bote de tinte que tendrá resultados impresionantes y sobrenaturales, porque Cameron Diaz usa exactamente la misma marca.

No solo puedes hacer cosas difíciles, ¡sino que también puedes elaborar platos de la cocina francesa de nombre sofisticado! A continuación te doy una receta realmente infalible (adaptada de Ina Garten):

Ternera «à la bourguignon»

Para 6–8 personas

Para empezar, necesitarás:

1 cucharada de aceite de oliva
220 g de beicon en dados
1.200 g de espaldilla de ternera en dados de 2 cm
Sal kosher
Pimienta negra recién molida
450 g de zanahorias cortadas en diagonal en rodajas de 2 cm
2 cebollas de guisar laminadas
2 cucharaditas de ajo picado
1 botella de vino tinto seco (como un Pinot Noir)
1 lata (o 2 tazas) de caldo de ternera
1 cucharada de concentrado de tomate
1 cucharadita de hojas de tomillo fresco (o 1/2 cucharadita seco)
4 cucharadas de mantequilla sin sal a temperatura ambiente
3 cucharadas de harina común

450 g de champiñones en láminas gruesas

Para servir necesitarás:

Pan rústico o de masa ácida, tostado o al grill, frotado con un
diente de ajo

1/2 taza de perejil fresco picado

En primer lugar, no sientas pánico al ver la lista de ingredientes. Repásala: mantequilla, harina, etc. Tendrás casi de todo. No permitas que el nombre sofisticado te engañe: se trata básicamente de un estofado. Una comida de preparación fácil, hermanas. Así que prepara tu olla de cerámica, porque estás a punto de hacer magia.

Precalienta el horno a 180º C.

Calienta el aceite de oliva en la olla. Añade beicon (¡beeeeiiicon!) y cuece a medio fuego durante diez minutos, removiendo un poco hasta que dore. Sácalo con una espumadera y ponlo en una bandeja grande (pero deja la grasa del beeeeiiiicon en la olla, por amor a lo delicioso).

Seca los dados de ternera con una servilleta de papel y salpiméntalos bien. Sella los dados de carne por todos sus lados, en tandas, sin sobreponerlos, en el aceite caliente con la grasa del beicon (unos tres a cinco minutos). Saca la carne y ponla en la bandeja donde está el beicon y sigue haciendo esto hasta que toda la ternera esté dorada. (¡No te saltes este paso! Es cierto que le añade unos minutos más a la elaboración de la receta, pero después convertirá ese barato trozo de carne en una superestrella. Deja las prisas. ¿Qué más tienes que hacer? ¿Ir a curar el cáncer?)

Echa las zanahorias, las cebollas, una cucharada de sal y dos cucharaditas de pimienta en ese estupendo jugo con la grasa del beicon y rehógalo durante diez a quince minutos, removiendo de vez en cuando. Añade el ajo y deja cocer un minutos más. (En este punto, el aroma empieza a ser increíble). Añade la carne y el beicon a la olla. Agrega la botella de vino (sí, lo has leído correctamente...

toda la botella, ¡delicioso!) más el suficiente caldo de ternera para cubrir la carne. Añade el concentrado de tomate y el tomillo. Llévalo a ebullición, tapa la olla, y mételo en el horno durante unas dos horas hasta que la carne y la verdura estén tiernas al pincharlas con un tenedor.

Ora para que alguien llame a la puerta y sea testigo de lo bien que huele tu casa.

En una sartén, combina dos cucharadas de mantequilla con la harina, ayudándote con un tenedor. Agrega la pasta obtenida al guiso (esto lo espesará y le añadirá cremosidad). Saltea los champiñones en otras dos cucharadas más de mantequilla hasta que se doren ligeramente y únelos al estofado. Lleva a ebullición y baja el fuego dejándolo hervir lentamente durante quince minutos. Sazona al gusto.

Para servirlo, tuesta gruesas rebanadas de pan y frótalas con un diente de ajo picado. El ajo se derrite en el pan caliente como por arte de magia. Para cada comensal, echa el estofado a cucharadas sobre una rebanada de pan y espolvoréalo con perejil. (También puedes servirlo sobre patatas machacadas o tallarines de huevo, o sencillamente *solo* porque está delicioso; pero comoquiera que lo sirvas, moja pan en él).

Sírvelo en boles poco profundos, con un rico y especiado Cabernet y un fuego en la chimenea.

Es un plato que le gusta a todo el mundo como no te imaginas. No te lo puedes perder. Si es para comerlo en compañía, hazlo el día antes y caliéntalo antes de servir, porque esta receta queda divina el primer día, pero si lo comes el día después llegas a oír cantar a los ángeles y ves el rostro del Señor.

C A P Í T U L O 7

Di la verdad

Hace unas cuantas semanas me encontraba en un avión. Bueno, más concretamente, estaba frenética durante un vuelo. Nuestro pequeño programa en el canal HGTV se iba a estrenar pronto y yo estaba pasando por una crisis interna debido a un millar de razones: *Nuestra familia quedaría expuesta al más completo «nivel de novela». ¿Habíamos hecho bien aceptando esta remodelación? ¿Les parecería excesivo a mis lectores? ¿Representábamos bien a Dios? ¿Me convertiría aquello en el próximo blanco de los medios de comunicación? ¿Es correcto vivir en una casa tan linda después de haber escrito 7 (7: An Experimental Mutiny Against Excess* [7: Un motín experimental contra el exceso])? *¿Habíamos elegido correctamente? ¿Cómo reaccionaría la gente ante esto?*

Mi cerebro tenía algunas ideas. Me sugería que actuara con tranquilidad y confianza en mí misma cuando hablara en público sobre el programa. Me decía que elaborara cuidadosos mensajes y que no soltara prenda. *¡Tómatelo con calma!*, me aconsejaba. *No dejes que nadie sepa que tienes sentimientos encontrados, por el amor de Pedro. No proveas munición para que Internet la use en tu contra. No hay lugar aquí para la lucha personal; si estás*

41

teniendo una crisis de marca, échale la cremallera. Es demasiado tarde para este sinsentido.

Miré por la ventanilla, escribiendo en mi cabeza comunicados de prensa para moldear aquello de la forma correcta, cuando un pensamiento claro e inmediato entró de golpe en mi cerebro. *Tan solo di la verdad.*

Era tan acertado y sencillo; las lágrimas corrieron por mi rostro. *Solo di la verdad, Jen. Si tienes un conflicto y te preocupa que una renovación pueda enturbiar el mensaje de 7, no tienes más que decirlo. Si te asusta que la gente se sienta decepcionada con el programa, admítelo. Si temes que dejarás de gustar y que podrían ser malos contigo, confiésalo. Si estás prácticamente segura de haber tomado la decisión correcta, pero sigues teniendo algunas dudas, admítelo. Tener sentimientos humanos es normal, aunque todo un grupo de personas te esté observando mientras los tienes.*

No soy propensa a la exageración (soy sumamente propensa a la exageración), pero antes de que ese avión aterrizara, yo había logrado mi nuevo mantra para la vida: tan solo di la verdad. Cualquiera que sea la pregunta que te hagan, tan solo di la verdad. Si no conoces la respuesta, admite tu lucha. Si no estás de acuerdo con la conversación, no te quedes ahí sentada actuando de otro modo. Deja a un lado tu instinto de supervivencia; es una empresa descabellada.

Hermanas, ¿pueden imaginar un mundo en el que pudiéramos ser lo bastante libres para decir la verdad? ¿Dejar que las cosas difíciles sean difíciles y que las confusas sean confusas? Si lucháramos contra el instinto de afianzar las cosas, de pulir, ladear y arreglar las piezas para que reciban la iluminación adecuada, tendríamos esa libertad. Podríamos respirar aliviadas.

Lo mejor que le ofrezco al mundo es la verdad... mi regalo más valioso. Lo que haga el mundo no tiene nada que ver conmigo. No estoy a cargo de los resultados, las opiniones, las valoraciones. No me dedico al negocio del control de daños. Cuando presento una versión fabricada de mí misma —el yo que todo lo sabe, siempre está seguro, siempre pisa fuerte—, todas perdemos, porque no puedo seguirle el ritmo a esa mentira ni tú tampoco.

Aquí tienes la verdad: algunas veces la vida es complicada. ¿Sabes con qué frecuencia tomo decisiones que parecen de lo más correctas, pero luego veo que quedan unos cuantos flecos extraños colgando y sigo adelante de todos modos? ¿Te imaginas cuánta teología tengo que dejar en el cajón de «sencillamente no entenderé esto hasta que me encuentre cara a cara con él»? De verdad que quiero vivir bien, pero me preocupa constantemente que algunas de mis categorías están en completo desorden. En ocasiones no estoy segura. A veces tengo un conflicto interno. Muchas veces cambio de parecer. En otros momentos soy mucho más humana de lo que a muchos les apetecería.

Todas lo somos. Y esta es la ironía de la cosa. ¿Por qué pensamos que otras viven una vida sin preocupaciones, seguras de sí mismas, mientras nosotras nos escabullimos en el centro caótico? La duda es universal; lee la Biblia. La vida está plagada de pesar, confusión, incertidumbre y fallos colosales. No tienes más que rascar un poco bajo la superficie y descubrirás la humanidad que hay en todas nosotras.

Si pudiéramos creer que estamos profundamente conectadas en los lugares frágiles, podríamos dejar los juegos. Cuando me dices la verdad sobre ti misma, ya no me escondo de ti. Te vuelves más segura para mí. Así que, ¡adivina una cosa! Ahora también tú eres receptora de mi verdad. Simpatizo contigo. Tu vulnerabilidad abre un camino para la mía. Que tú digas la verdad me dice a mí: «No te menospreciaré ni te juzgaré, ni te abandonaré». Es curioso, pero me da el valor de tener miedo, la fuerza de sentirme débil.

¿Qué te impide decir la verdad? Creo que será la vergüenza y el temor, esos dos diablos. La maldita ironía es la frecuencia con la que se aprovechan de una reacción imaginada. Las personas *pueden* ponerse furiosas. *Pueden* ser desagradables. *Pueden* hablar mal de mí. *Pueden* no entenderme. Inventamos un escenario para el peor de los casos y eso nos hace enmudecer. La verdad es que la mayoría de las personas respetan la vulnerabilidad y la manejan con manos tiernas, sobre todo aquellos que nos aman y soportan nuestras historias con fidelidad. ¡Estamos tan asustadas! Sin embargo, decir la verdad conduce a la vida. Como declaró Brené Brown en *Daring Greatly* (suelta este libro inmediatamente y ve a comprar el suyo):

> El poder de la vulnerabilidad no trata acerca de ganar o perder. Trata sobre el valor. En un mundo en el que dominan la escasez y la vergüenza, donde sentirse asustado se ha convertido en la segunda naturaleza, la vulnerabilidad es subversiva. Incómoda. Incluso llega a ser un poco peligrosa en ocasiones... [Pero] nada es tan incómodo, peligroso y dañino como creer que estoy de pie, en la parte exterior de mi vida, mirando y preguntándome cómo sería todo si yo tuviera el valor de mostrarme y dejar que se me vea tal como soy.[1]

Y aunque alguien sea desagradable, reconoce a la gente fiable que guarda tu historia. Merecen estar contigo y que le confíes tu verdad. ¿Y qué hay de los demás? Como dice Scott Stratten, autor de *UnMarketing*: «No intentes convencer a los detractores; no eres la persona que les susurra a los burros».[2] (Ahora abusaré de esta frase con temerario frenesí).

Esto nos lleva al otro lado, queridas: recibir la verdad de otra persona. ¿Alguna vez ha sido más espeluznante arriesgar la vulnerabilidad? El Internet es aterrador. De manera específica, los cristianos pueden dejarte petrificada. He observado a la gente buena poner palabras veraces y duras, y ser masacrada. Cada vez que esto sucede, las personas se retraen más, porque ¿a quién le gusta ese tipo de humillación? Brown tiene más que decir:

Juzgamos a las personas en ámbitos en los que somos vulnerables a la vergüenza, escogiendo sobre todo a gente que lo hace peor que nosotros. Me siento bien como madre, no tengo interés en juzgar las elecciones de otras personas. Me siento bien con mi cuerpo, no voy por ahí burlándome del peso o del aspecto de otras personas. Somos duros unos con otros, porque nos usamos unos a otros como plataforma de lanzamiento, guiados por las deficiencias vergonzosas que percibimos en nosotros.[3]

¿Puedo sugerir un punto de partida como receptoras de la verdad? Si otra persona quiere luchar, que lo haga. Por otra parte, no pasa nada si no lo solucionamos/resolvemos/respondemos/desacreditamos. Otro creyente puede experimentar tensión, decir algo que es verdad y que hace que otros se sientan incómodos, y Dios no se caerá de su trono. No es responsabilidad nuestra arreglar cada desbarajuste. Si alguien se sube al escalofriante alféizar de la verdad, basta con reconocer su valor y hacer esta promesa: *Estoy aquí contigo como tu amiga, no como tu Salvador.* No somos buenos dioses las unas sobre las otras; somos mejores seres humanos las unas al lado de las otras.

Decir simplemente la verdad en voz alta ya es curativo en sí mismo y de por sí. Cuando las personas declaran con valentía algo que es verdad y duro a la vez, ya le han robado parte de su oscuro poder antes de que nosotros ofrezcamos una sola palabra para solucionarlo. La teología lo respalda. Las Escrituras afirman sobre nuestro propio Jesús: «En él estaba la vida, y la vida era la luz de la humanidad. Esta luz resplandece en las tinieblas, y las tinieblas no han podido extinguirla» (Jn 1.4–5).

La vida y la luz son mayores que la oscuridad.

Sacar algo difícil del tenebroso lugar donde está escondido y situarlo en la luz es de por sí curativo. Cuando damos testimonio de esta valentía, deberíamos sencillamente recibirla con gratitud, sabiendo que el trabajo duro ya está hecho.

Es bueno recordar en comunidad, y aun mejor practicar individualmente, que la luz triunfa sobre las tinieblas. Si estás escondiendo una oscura lucha, garantizas su poder si la mantienes en secreto. Enterrada queda libre para estorbarte, para crecer en tu imaginación y truncar tu futuro. Puede reprimirte, destruir relaciones y quebrantar tu espíritu. Puede absolutamente causar estragos en tu autenticidad, ya que el interior contradice el exterior día tras día, mes tras mes. Los secretos son salvajes y están sueltos en las tinieblas.

Pero cuando arrastras esa verdad pataleando y gritando y la pones a la luz, puedes verla tal como es. No era tan amenazadora como fingía serlo. No es tan poco común como afirmaba. En realidad, en la claridad es triste y patética, marchitándose y perdiendo el poder que tiene sobre ti. Lo dijiste en voz alta y nadie cayó fulminado; por tanto, ¿qué puede retenerte aún?

Entonces, tu buena gente enfoca su luz sobre ella haciendo brillar la verdad, el amor, la compasión y la comprensión, y se marchita aún más. Con cada *Estoy aquí* y *He estado allí* y *No estás solo* y *Dios tiene esto*, tu espantosa verdad es menos aterradora, menos abrumadora, menos paralizante. Queda totalmente expuesta y no quedan secretos que te amenacen. Tú eres 2 Corintios 4, porque aunque esta oscuridad te presionó mucho, no te aplastó. Tal vez te golpeó y caíste, pero mírate: no estás destruida. Es algo que ves en la luz. Sigues en pie. Si todavía respiras, sigue habiendo esperanza.

¡Qué rescate! Jesús hace brillar su luz sobre tu oscura verdad y eres salva. «Porque Dios, que ordenó que la luz resplandeciera en las tinieblas, hizo brillar su luz en nuestro corazón para que conociéramos la gloria de Dios que resplandece en el rostro de Cristo» (2 Co 4.6). Con toda seguridad, en el archivo giratorio de fichas de privilegios para los que le pertenecen a Dios, tu estatus de vencedora es uno de los más altos. Porque mayor es el que está en nosotras que el que está en el mundo. Esto no solo es hermosa poesía; es la verdad del evangelio.

Las tinieblas no han vencido a la luz, y la luz es nuestra.

Tan solo di la verdad, porque ella nos libera. Este primer dominó provoca una reacción en cadena de liberación. Si decimos la verdad en las cosas pequeñas, nuestra sinceridad ya se habrá convertido en una práctica cuando las cosas se pongan feas. Esto crea una comunidad sincera de la que la tierra tiene mucha hambre. En un mundo lleno de falsedad, artificialidad, fingimiento y superficialidad, tenemos el sustento para nutrir nuestros corazones hambrientos.

Prometo ser amable cuando digas la verdad, y tú ya has demostrado ternura cuando yo he compartido la mía contigo. Y conforme somos testigos de esta hermosa comunidad, no nos limitamos a observar la vulnerabilidad, sino más bien las cadenas que se rompen, la oscuridad que se retira, la victoria que surge. Estamos contemplando cómo la luz gana con la verdad, y cuando se crean suficientes lugares claros, la oscuridad ya no tiene donde esconderse.

Muéstrate. Que se te vea. Di la verdad. Sé libre.

CAPÍTULO 8

Notas de agradecimiento (Parte 1)

Jimmy Fallon es lo mejor que pueda pasar en la programación nocturna de televisión desde Netflix. Es descaradamente torpe; y si yo pudiera, le cortaría un rizo de su cabello. Mi segmento favorito es «Notas de agradecimiento», donde expresa una gratitud sarcástica a cosas varias y diversas. Si la imitación es la forma más sincera de adulación, esto es probablemente más cercano al plagio directo. Ofrezco las siguientes notas de agradecimiento dispersadas a lo largo de este libro, como segmentos de alivio cómico, escritos con la ayuda de mis divertidísimos amigos de Facebook.

Gracias Spanx. Gracias a ti mi cuerpo postparto puede modelarse como gelatina y adoptar una forma esbelta, pequeña y sexy... al menos durante unas horas. Tu capacidad de levantar y tonificar me quita la respiración, ¡literalmente! Ojalá puedas seguir haciendo la obra de Dios y ser el progenitor del michelín. ¡¡GRACIAS SARA BLAKELY!! Sinceramente, Todas las Mujeres.

Gracias, Horario de Verano, por hacer que la gente hable y hable sobre la maravilla de dormir una hora más, recordatorio especialmente deprimente para los padres de que a los hijos les importan un bledo los agricultores, las cosechas y las horas adicionales de luz del día. Yo disfruto al ver a mis hijos de pie junto a mi cama a las cuatro y media de la mañana, como horripilantes Niños del Maíz totalmente desvelados. También nos descarrilas la hora de la siesta pues. Con el debido respeto, más o menos, Una Mamá Cansada.

Gracias, Etiquetas de Advertencia Obvias. Sin ustedes podría haber metido a mi hijo en la lavadora, encendido una cerilla cerca de una espita abierta de gas, usado mi secador de pelo mientras dormía o, Dios no lo permita, no haberme enterado de que los huevos contienen —espera un momento— huevos. No tengo la menor idea de cómo me las apañaría sin ustedes. (Anteayer casi ingerí el contenido de una lámpara de lava, pero la etiqueta realizó otra parada rápida. Dios la bendiga).

Gracias, Filtros de Instagram, porque me han ayudado a sacar muchos trabajos de ficción fotográfica que me hacen parecer más joven, más bronceada y más delgada de lo que estoy en realidad. La luz natural puede ser mi enemiga, pero Lo-Fi es mi mejor amiga para siempre. Te quiero como una hermana.

Gracias, Luz del Día y Espejo Retrovisor, por sacar a la luz los largos pelos tiesos de la barbilla que escaparon a la pinza en mi sesión matinal. También has puesto en evidencia que mis cejas estaban hechas una absoluta tragedia. Tengo el suficiente vello facial como para ser calificada de *Sasquatch* (o Pie Grande), así que gracias por tu información. (Lo Siento, Coche Junto a Mí en el Semáforo, no hay otra manera).

Gracias, Comercios Minoristas, por sacar las decoraciones de Navidad en el mes de octubre. Ni siquiera ha llegado Halloween y mis hijos se han transformado en desenfrenados capitalistas. Ahora cualquier anuncio es una excusa para que mis hijos griten: «¡Quiero esto para Navidad!». Y será así durante tres meses. ¡Qué placer! Sinceramente, Mamá que Intenta Enseñar a sus Hijos sobre el Niño Jesús, Pero Lucha por Competir con una Batamanta con Motivos de Disney.

Gracias, Amazon Prime, en primer lugar por existir, mi bendito servicio de flete gratis de compras por Amazon. En segundo lugar, por permitirme convertir el «envío gratuito» en la justificación para comprar todos los libros y ver solamente cuánto me he ahorrado. En tercer lugar, por permitirme comprar ropa interior de niño, salsa de pescado, papel higiénico y carpetas con sujetapapeles en forma de tachuela, sin moverme de mi sofá. Y por enviarme esos artículos en cuatro cajas distintas, ninguna de ellas adecuada para el artículo que contiene. ¡Has hecho que esta perezosa anticompradora se sienta muy feliz! Sé mi novio, AP.

Gracias, Maxi Vestidos, por ayudarme a parecer que estoy vestida, como si de verdad hubiera hecho un esfuerzo, pero haciéndome sentir como si llevara un camisón en público. Básicamente son ustedes como pantalones de yoga sin entrepiernas, y yo los saludo.

Gracias, Aplicación Calendario de Períodos, por las advertencias de andar con suavidad cerca de tu esposa afectada durante tres días al mes. También le has ayudado a aprender a no decir: «¿Podría ser que hables así porque estás con el período?», porque es un billete de ida para ver el rostro del loco. Sinceramente, Esposa de un Marido.

Gracias, Hijo Mío de Cuatro Años, por mantener mi vanidad bajo control con constantes recordatorios sobre mi «tripa gorda» y mi «piel envejecida». Estas trágicas condiciones son cosa tuya, pero aprecio tus agudos poderes de observación. No puedo pasearme por ahí actuando como Gisele cuando tengo cosas importantes que atender, como preparar una comida para que la odies. Sinceramente, Tu Vieja Mamá Gorda.

Gracias, Netflix, por los quince segundos entre episodios para decidir si voy a hacer hoy algo con mi vida. La respuesta es inevitablemente que no, pero nadie podrá decir que no me diste la opción.

Gracias, Cuatro de la Tarde, por ser el momento del día que me confunde de la forma más concienzuda: postdeberes y precena. Ya estoy agotada y bastante irritada. Los niños están perdiendo sus preciosas cabezas y mi marido sigue encerrado allá en su cuerda oficina con todas las facultades mentales intactas y no contesta mis mensajes de SOS para que *se apresure y venga a casa o la sangre de ellos caerá sobre su cabeza*. ¿Preparo un café? ¿O me sirvo una copa de vino? Tuya, Superviviente de la Hora de las Brujas.

Gracias, Café, por todo. Haces que la vida sea posible. No quiero hacer que te sientas raro, pero eres mi alma gemela. ¡Bravo!

Gracias, Guardería del Gimnasio, por darme la oportunidad de ver la televisión, tomar una ducha a solas y beber un batido mientras leo una revista. ¡Ah! También hago ejercicio, pero seamos sinceros, esa no es la principal razón por la que estoy allí. (¿Metí allí un día a mi retoño, y me largué al restaurante de la puerta de al lado para comer sushi? Pásalo por alto. ¡NO SABES QUÉ VIDA LLEVO!)

Gracias, Señorita «¿Podría traerme estos pantalones en la talla 2?», por encontrar el probador adyacente al mío sin importar cuándo o dónde me pruebe la ropa. Me mantienes humilde. También aprecio escuchar que mi talla de camisa «te traga». Y sí, todos sabemos «cuánto frío tienes aquí» sin ningún aislante natural. Cómete un sándwich.

TODA ESA GENTE QUE VIVE EN TU CASA

CAPÍTULO 9

Esperanza para las familias picantes

Aunque es reduccionista, catalogo a la mayoría de las familias como «dulces» o «picantes». Ambas tienen sus pros y sus contras, con toneladas de superposiciones en el diagrama de Venn, pero aun así... en general, una familia tiende a uno u otro lado.

Adivina hacia qué lado se inclinan los Hatmakers.

Somos gente picante. Nos gusta el humor desagradable y el sarcasmo, y somos muy, muy ruidosos. Todos nosotros sufrimos de Enormes Sentimientos, lo cual nos hace una pandilla apasionada y emocional. ¡¡Nuestra permanente configuración por defecto son los puntos de exclamación!! En verdad, «no vamos suave». Es que realmente no sabemos lo que esto significa.

Así que cada vez que estoy cerca de una familia dulce, tengo una crisis. Va hirviendo a fuego lento hasta que el comentario de uno de sus hijos a otro —«*Hermana, ¿te comerías el último biscocho? Tómalo, porque hiciste toda mi tarea como sorpresa para mi medio cumpleaños...*»— pone en marcha un momento decisivo. Brandon lo sabe y ha aguantado el chaparrón muchas veces:

YO: ¿Qué pasa con nosotros? Necesitamos un nuevo sistema para que las personas hablen mejor en esta casa. ¡Estamos criando niños salvajes! ¿Por qué ninguno de nuestros hijos está unido a otro? Es necesario que dejemos de levantar la voz POR EL RESTO DE NUESTRAS VIDAS o estamos perdidos. Es probable que nuestros hijos maten algún día a alguien. ¡Van por caminos oscuros que conducen a la encarcelación o a la violencia callejera!

BRANDON: ¿Violencia callejera aquí en los suburbios?

YO: PODRÍA HABER VIOLENCIA EN ESTAS CALLES... ¡nos acercamos a los últimos tiempos! ¡Tenemos que encontrar la forma de ser más adorables! ¡Nuestros hijos ni siquiera saben ningún himno! ¿Cómo estallaremos en espontánea adoración familiar? ¿QHAV? (¿Qué haría Ann Voskamp?) Tiremos la toalla.

Nada me hace diagnosticar a mi familia como «catastrófica» con mayor celeridad que el comportamiento de otra familia; un terrible juego de comparación que ni siquiera es justo, ya que desconocemos su vida más allá de esa hora. Tal vez esa querida hermana que cedía su biscocho le dio a la otra una patada en la sien al día siguiente por llamarla *idiota*. Desconocemos estas cosas, y es fácil reducir a otra familia a un prototipo con el que comparar a nuestra indómita familia. El resultado es la desesperación, y luego la certeza de que nuestros hijos se han estropeado.

¿Existe alguna preocupación como la preocupación de los padres? Somos responsables de todos los seres humanos que viven aquí. *Eso es todo.* Es su única infancia la cual conduce a una sola adultez. Absorben todas las horas en esta casa, imitando lo que han visto, ¡DIOS NOS AYUDE! Cada madre que conozco se preocupa por no estar haciendo las cosas bien, por fallar en numerosas formas, visibles e invisibles. Las faltas de nuestra familia parecen tan enormes; son omisiones, fracasos y pasos en falso que constituyen un completo y total desastre.

Hace poco escuché: «Si te preocupa ser mal padre, probablemente seas uno bueno».

Yo quería creerlo con todas mis fuerzas. ¿Lo soy? ¿Soy una buena madre? Porque en esto siento más bien que estoy escupiendo al viento. Entonces ocurrió algo. Salté fuera de mi mente donde viven los locos y me observé a mí misma hablándoles a mis hijos. ¡A veces era tan agradable! Decía cosas dulces y preciosas por aquí y por allá. Había muchos *Te quiero* y *Eres muy inteligente*, y atentos *mmhmm* y *¡Suena asombroso!* y *¡Buen trabajo!* Me observé ser una buena madre y me di cuenta de que soy mi propio peor crítico, y en ocasiones incluso una mentirosa, convenciéndome a mí misma de que no está ocurriendo nada bueno y que todo es culpa mía, o tal vez de Brandon, y que los niños son horribles y que somos un desastre.

Debería ignorarme más a menudo.

¿Por qué exageramos nuestros fracasos y pasamos por alto nuestros éxitos? Jamás sobrevaloraría los puntos débiles de una madre y haría caso omiso de sus triunfos, así que, ¿por qué me hago esto a mí misma? ¿Por qué lo hacemos? Observamos las habilidades de otros padres con una visión 20/20, mientras desenfocamos nuestras habilidades. Declaro lo bien que lo haces tú con la misma facilidad que afirmo mi miseria; son inversamente proporcionales. Estoy condicionada a minimizar tu humanidad y a exagerar la mía.

Ya seas una dulce mamá imaginando cómo las madres picantes se lo pasan bomba (no es verdad: nos pasamos casi todo el tiempo interviniendo en peleas), o una madre picante que asume que las madres dulces tienen toda la ternura (no la tienen: por lo general son, *hmm*, en realidad no estoy del todo segura, nunca he tenido una familia dulce): si te preocupa ser una mala madre, probablemente seas una buena.

Algunas de las cosas buenas son obvias, el tipo de cosas que notamos de inmediato en las demás: las palabras tiernas, la atención sin fin, el contacto visual, los elogios. Les leemos a nuestros hijos y los metemos en la cama colmándolos de besos y haciendo uso de un afirmante lenguaje paternal, y asistimos a todos los partidos/recitales/torneos/programas. Hacemos trenzas en el pelo y ponemos lazos, aplicamos tiritas y fingimos que el arte de nuestros hijos es lindo. Hacemos todo esto y está bien, y cuenta.

Otras de las cosas buenas son menos evidentes, las cosas que también ocurren en cada casa: las disculpas, la resolución de conflictos, el amor firme, los límites, hacer las paces, las lecciones difíciles. Estamos moldeando el fracaso en carácter, tanto en nuestros hijos como en nosotros. Todos los padres y las madres la pifian. Todos los niños acaban desquiciados. Todas las familias se descarrilan. Pero esto no significa que estemos echados a perder; quiere decir que somos corrientes. Corregir el rumbo es algo común. Esos momentos a menudo hacen que nos sintamos mal porque empezaron mal, pero en realidad son buenos y también cuentan.

Esta es mi idea: estás haciendo un mejor trabajo de lo que piensas. La autocrítica mejora a veces las mejores prácticas, pero también puede mentirte y es probable que lo haya hecho. Tal vez sea necesario que ignores tu mente y que te observes durante un tiempo, no solo para detectar los momentos ásperos sino también los suaves, porque te aseguro que los hay. Si le dijeras a una amiga que está pasando un mal día como mamá: «¡No te preocupes! Tus hijos saben que los amas. Todo el mundo pierde alguna vez. Ser padres es duro. Mañana será otro día...», entonces tendrías que extender esa misma compasión a ti misma.

Mira, la maternidad no es Tejer Mientras Cantas Himnos todo el tiempo. Si esta es nuestra norma y cada desviación produce un sentimiento de culpa, estamos condenadas. No todos los momentos son importantes. No todas las conversaciones que mantenemos con los niños desarrollan la autoestima. A veces solo

necesitan meterse en la bañera y dejarse de evasivas. No hay vergüenza alguna en esto. La maternidad tiene mucha miga. También es cierto que en ocasiones «ejercemos la paternidad de forma
intencionada» (las comillas son en honor a mi madre, que dice que
ella y sus amigas simplemente nos criaron, y que mi generación
«ejerce la paternidad»), pero también administramos, disciplina-
mos, intervenimos, mandamos, implementamos y a veces hasta
conseguimos sobrevivir. Desempeñamos múltiples papeles y no
todos incluyen Las Preciosas Percepciones. No vivimos en un programa especial después de clase; estamos aquí dirigiendo familias.

La condenación es un truco del enemigo, no es el lenguaje de los cielos. La vergüenza no es una herramienta de Dios,
así que si somos esclavas de ella, estamos muy lejos del camino marcado. Y es duro vivir así, en realidad es debilitante. Si
tu monólogo interior es crítico y degradante hasta la saciedad,
es tiempo de regresar a la gracia. Entonces podremos respirar
y evaluar nuestra propia forma de ejercer la paternidad con la
misma bondad que extendemos a los demás. Solo nuestra generación, excesivamente crítica y enrevesada, podría organizar
semejantes entornos cuidadosamente seleccionados y organiza-
dos para la infancia y seguir declarando que somos un fracaso.
Somos madres amorosas y capaces que interpretamos las cosas
en forma totalmente equivocada.

¿Puedo revelarte mi objetivo para mis hijos? Que su infancia sea principalmente buena. Gente, declaro que «principalmente buena» es un éxito tremendo. Si la mayoría de las veces
soy paciente y ellos son obedientes, perfecto. Si por lo general
estamos educando y ellos acaban siendo mayormente equilibra-
dos, fantástico. Cada infancia necesita una porción de patetis-
mo, aburrimiento, molestia y tedio. ¡Demonios! La vida no es un
escenario de Nickelodeon. Necesitan *algo* para quejarse un día.

«Principalmente buena» se recuerda más tarde como «amados y seguros». Ahora califico mi infancia como «mágica»,

aunque mamá me dio una cachetada cuando yo cursaba séptimo grado, nunca me compró unos pantalones vaqueros de la marca Guess, y accidentalmente me dejó en la iglesia varias veces. Principalmente buena significa suficiente. Principalmente buena produce hijos saludables que saben que se les valora y que olvidan las demás partes o las convierten en historias divertidas.

Estás haciendo un maravilloso trabajo. Ser padre/madre es mortalmente difícil y nadie es perfecto en esto; todas fallamos en un millar de cosas, pero aun así, contra toda probabilidad, será suficiente.

Y si no basta con salir de nuestra mente para observarnos a nosotras mismas, o para plantar el pie en una autopista de gracia, ven a mi casa una tarde y te garantizo que te sentirás mejor con tu familia, ya que posiblemente recordarás cómo le dije a mi hijo, entonces estudiante de quinto grado, después de estar replicando durante un buen rato, que agarrara una pala, fuera al jardín trasero y cavara su propia tumba.

Porque *eso* es LQHJH (lo que haría Jen Hatmaker).

Capítulo 10

Sobrevivir a la escuela

Recientemente corrí el maratón llamado «Preparar a cinco niños para volver a la escuela», y ahora necesito terapia. Gasté alrededor de cuatrocientos millones de dólares, recorrí una docena de almacenes y casi me convertí en una asesina en serie por culpa de las carpetas con sujetapapeles en forma de tachuela. Los niños tienen zapatillas de deporte, zapatos normales, ropa nueva, mochilas nuevas, fiambreras y material escolar hasta salírseles por las orejas; hemos pasado la noche del regreso a la escuela, de la orientación, de recoger horarios y del campamento de novatos; rellené inventarios, documentos de seguro, impresos de voluntariado, matrículas de ingreso y contratos parentales; hemos tenido cortes de pelo, vacunas, exámenes oculares, charlas que levantan la moral, revisión de bicicletas y desmoronamientos. La nevera está repleta. La despensa llena. Las cuentas de almuerzos se actualizaron. Se impartieron las conferencias. El primer día de clase, los niños fueron fotografiados en casa y con los maestros, porque la humillación es una parte importante de la infancia.

Tardaré todo un calendario anual para recuperarme y poder hacerlo de nuevo.

Nací en 1974, amable lectora. ¿Me permites que te diga lo que recuerdo del regreso a la escuela? Veamos, un nuevo par de pantalones de pana, un corte de flequillo casero (desastroso) y alguna ropa de segunda mano de nuestra canguro. El primer día de clase tomábamos el autobús y no recuerdo cómo encontrábamos nuestra clase, porque no había ninguna madre en el campus (ellas ya estaban en clase de danza jazz). Llevábamos un cuaderno, un lápiz y un sándwich de mortadela de Bolonia en la fiambrera del año anterior. Punto final.

Además, ¿sabes con qué frecuencia se presentó mi madre de voluntaria para ayudar en nuestra clase? Cero. No recuerdo haber visto nunca a una madre en mi escuela. Mi mamá no hacía deberes de padres, y nuestros proyectos para la exposición de ciencia parecían una porquería porque los hacíamos nosotros mismos, estudiantes descuidados y preadolescentes cuyos padres no estaban dispuestos a interrumpir *Dinastía* para determinar qué tipo de tierra es mejor para que crezcan las plantas. No existían los carnavales encabezados por los padres ni las ferias del libro o los festivales de otoño, porque nuestros padres trabajaban... y nadie tenía tiempo para un stand de arte con arena coloreada.

Era un tiempo totalmente distinto. Los padres y los maestros estaban a cargo y los niños no eran pequeños gobernantes. Si mi profesora llamaba porque yo estaba actuando como una lunática, mis padres le creían (*así era, ¿cierto?*) y se aseguraban de que yo lo pensara dos veces antes de volver a abrir mi inteligente boca. Aparte: maestros, me gustaría que los padres entendieran que probablemente su precioso hijo no sea una víctima inocente de sus «problemas con su padre y los trastornos de ira». Y Mamá, tu hija fue castigada con razón. Kaitlyn-Grace tiene que hacer sus deberes y dejar de replicar. Sus lágrimas son fabricadas. Kaitlyn-Grace debería dedicarse al teatro.

En los viejos tiempos, el mundo no giraba en torno a nosotros, y cuando cometíamos errores en la escuela, pagábamos los platos rotos. No se esperaba que los maestros salpicaran de polvo mágico de hada a todos los Preciosos Copos de Nieve, ni era normal que los padres repitieran todos sus años de escolaridad con una avalancha diaria de deberes. (He estado seis veces en tercer grado y s-e-a-c-a-b-ó).

Guiar a los niños durante sus años de escolaridad es ahora como finalizar un programa doctoral. Entiendo por completo por qué las madres reivindican «una menor cantidad de trabajo» como razón para la educación en casa. No tengo la más remota idea de cómo se las apañarán los padres que tienen un trabajo tradicional en este caso. ¿Cómo se las arreglan los maestros que también son padres? Yo trabajo desde casa con un horario flexible, pero si llegara a casa a las seis de la tarde y tuviera que enfrentarme todavía a los deberes (olvídate de toda la rutina de la cena, el tiempo de calidad y la hora de irse a la cama), estaría meciéndome en un rincón en la posición fetal.

En mi opinión, es necesario reducir. Mamás, apenas puedo hablar de lo que Pinterest nos ha hecho aquí. Entre fiambreras tipo caja bento con sándwiches cortados en forma de delfines que saltan en un mar de repollo rizado y salpicar los pies de nuestros hijos con aceites esenciales de limón para calmar sus problemas, ni siquiera puedo... Les regalé a mis hijos esos «manipulativos para el aprendizaje casero centrados en los niños» en lugar de Game Boys, pero que me maten si empezaron a «detectar sus propios errores, autoevaluarse y completar las tareas solos e instigar clases espontáneas de matemáticas». El doctor Montessori no duraría cuatro minutos con mis hijos.

Quizá seamos demasiado rebuscados en toda la extensión de la palabra, y estemos criando a diminutos narcisistas que no pueden funcionar si no se les rocían los pies y se les reordenan sus chacras. Todo es tan serio que a veces pienso que me voy a morir.

¿Acaso es posible agarrar el universo e inclinarlo todo lo que podamos hacia nuestros hijos? Creo que sí. Cualquier niño que espera que toda figura y sistema de autoridad se dirijan hacia su felicidad se llevará una sorpresa. ¿Sabes para qué sirve la escuela? Para aprender. ¿Y sabes otra cosa? A veces a los niños les toca un maestro malo, una clase que no les gusta, o una fecha tope inflexible aunque ese niño estuviera «exhausto la noche anterior». No deberíamos amortiguar cada golpe. Así es la vida. Aprender a ocuparse de la lucha y a desarrollar responsabilidad es fundamental. Un buen padre o madre prepara al niño para el camino y no a la inversa. Aun así, podemos demostrar suavidad y apego en el ejercicio de la paternidad sin criar hijos que se derritan en un día caluroso.

¿Cómo pueden los maestros enseñar cuando los padres exigen excepciones y protestan enérgicamente cada vez que su hijo se mete en problemas? En ocasiones nos metemos y salimos en su defensa, pero a veces nuestros hijos son poco convincentes y tienen que confesar. Deja que sientan el pinchazo del castigo: un cero, un privilegio perdido, no cumplir con una fecha tope. Que el fracaso los instruya. De otro modo, neutralizamos la autoridad del maestro y les robamos a nuestros hijos la responsabilidad.

¿Y los maestros? Nos encantaría ser solo padres en casa. Reconozco por completo las exigencias poco razonables que les imponemos (yo era maestra), pero en las pocas horas que tenemos al día con nuestros hijos, no queremos ser tutoras, sargentos instructores de deberes, jefes de proyectos y consoladoras de traumas. Solo queremos ser mamás. Nuestros hijos pasan siete horas diarias en la escuela, y eso es bastante para un niño. Es casi un trabajo a tiempo completo. No deberían soportar otras dos horas de tareas escolares en casa, sobre todo haciendo trabajos que son básicamente Deberes para los Padres (no me hagan hablar).

¿No podríamos calmarnos un poco? Dejemos que los maestros enseñen, que los padres ejerzan de padres y que los niños aprendan. Nuestros hijos estarán bien, como nos ocurrió a nosotros. Lo entenderán, como nosotros lo comprendimos. No necesitan que se desvíen todas las ventajas hacia ellos ni que toda incomodidad se vea suavizada entre almohadas. Apuesto a que ni siquiera necesitan sándwiches con forma de delfines. Yo soy producto de la mortadela de Bolonia, los refrescos de Kool-Aid y las permanentes caseras, y el resultado fue bueno.

¿Protegemos a nuestros hijos del daño? ¡Por supuesto! ¿Intervenimos contra la injusticia? Naturalmente que sí. ¿Los criamos y los adoramos? Es obvio. Pero también deberíamos dejarlos fracasar, tambalearse, perseverar, vencer. No organicemos toda nuestra vida en torno a su entretenimiento y su éxito manufacturado. Si nuestros hijos solo esperan bendiciones y exenciones, serán adultos terribles. Estos no son los adultos que queremos lanzar al mundo, como tampoco son los Copos de Nieve con los que queremos que se casen nuestros hijos. No queremos ser las suegras de esa gente, ¡oh Dios mío! Si unos adultos esperan sándwiches con forma de delfines por parte de sus cónyuges, jefes, iglesias, amigos e hijos, será un puro desastre.

Podría resultar útil revelar los motivos principales detrás de nuestras tendencias que revolotean. Sospecho que el temor es el culpable. ¿Se quedarán nuestros hijos atrás? ¿Tendrán lo que tienen todos los demás? ¿Llegarán a la cima (y por aproximación, lo haremos nosotros)? ¿Les harán daño? ¿Y si solo son... *como la media*? Dudamos de los resultados de la salud y la madurez, las herramientas básicas que siempre han producido sorprendentes jóvenes adultos: el trabajo duro, el fracaso, la simplicidad, la gratitud, la moderación y la disciplina. Olvidamos que un «no» es una respuesta aceptable para nuestros hijos en un mundo del «sí» desenfrenado.

Subestimamos demasiado su resistencia y me temo que consideramos que el «éxito» es más un producto de la diligencia parental que del esmero del niño. Esto ofrece un éxito a corto plazo, pero los equipamos para el fracaso a largo plazo. Un niño preparado para trabajar duro, pagar lo que debe, confesar sus equivocaciones y valorar la instrucción llegará probablemente más lejos que aquel que siempre tuvo la ventaja inclinada a su favor y todos los golpes amortiguados. ¿Podríamos identificar las mentiras que el temor nos cuenta y hacer el valiente trabajo de ejercer de padres contra corriente?

Imagino, pues, que eso empieza ahora, ¿verdad? Chiquitines, prepárense su propio almuerzo, lávense su propia ropa, compren sus propias tarjetas de identidad de reemplazo por haber dejado la suya en el autobús. Escríbanle una disculpa a su maestro por haber hecho el baile del gusano por toda su clase, aunque su papá y yo nos hayamos partido de risa. ¿Quieres más ropa que la que te compramos? Ahorra tu dinero. Expón tu propio argumento ante el maestro para conseguir una mejor calificación. Renuncia a tu teléfono porque hablas demasiado. Soporta esa clase. Trabaja para lograr esa nota. Esfuérzate más la próxima vez. Encaja tus golpes y aprende de ellos. Mete tu plato en el lavaplatos, por el amor de Palmolive.

Es mejor para ellos que aprendan estas lecciones ahora, cuando las consecuencias son pequeñas, que no después, cuando serán catastróficas. No solo estamos educando a niños y niñas; estamos moldeando a futuras mamás y papás, profesionales y discípulos. Es un trabajo noble e importante con resultados enormes. Queremos que nuestros futuros yernos y nueras nos den las gracias, que no precisen consejería matrimonial para los problemas de sus cónyuges codependientes de su mamá. (Amado Señor, mantén mi nombre fuera de la oficina del terapeuta).

Así que tal vez podemos bajar los paragolpes de la bolera y ver qué ocurre. Apuesto a que nuestros muchachos son más fuertes de lo que pensamos. Quizá no necesiten todos los artilugios y todas las ventajas. Es posible que los niños crezcan como lo hacen todos los seres humanos: a través de la lucha, el fracaso y la perseverancia. A lo mejor tienen una marcha que nosotros desconocemos, y no necesitan ser consentidos como frágiles plantas de invernadero que no se pueden adaptar a nuevos ambientes. Apuesto a que los niños nos sorprenderán.

¿Y si se convierten en un desastre? Yo, personalmente, les enviaré una provisión para toda la vida de sándwiches con forma de delfines.

Capítulo 11

Amados hijos

Es un martes cualquiera, por lo tanto, es un día tan bueno como cualquier otro para contarles todos mis sueños para sus vidas. No quiero esperar hasta su fiesta de graduación o su cena de ensayo, o algún momento importante cuando las palabras relevantes quedarán barridas por el bullicio. Además, muchos de ellos no pueden esperar hasta que hayan crecido, porque es ahora cuando tienen importancia. También es porque están todos dormidos, y yo me estoy sintiendo muy tierna hacia ustedes porque están 1) a salvo y confortables en sus camas y 2) callados. (Les amo mucho, pero esta familia tiene un montón de palabras).

Ustedes no son más que niños, así que no tienen concepto alguno de lo mucho que su papá y yo pensamos en ustedes. Solo parecemos padres mandones, estoy segura. Pero un día lo comprenderán. Cuando sean madres y padres, lo verán. Renunciaríamos a cualquiera de nuestros sueños para hacer que los de ustedes se hagan realidad, pero esto les resultaría difícil de entender; ahora, más que nada, parecemos patéticos aguafiestas. Un día se volverán locos por sus propios hijos y entonces lo entenderán.

Están atravesando los grados desde el cuarto hasta el doceavo, así que este es nuestro último año juntos bajo el mismo techo, los Años en Familia. No puedo creerlo. Estos años de la infancia es todo lo que ustedes conocen, pero su papá y yo nos damos cuenta de lo especiales que son, hasta dónde alcanzan, y por cuánto tiempo estarán hablando de ellos. Recordaremos estos Años en Familia de maneras similares, pero del otro lado. Sabemos que pasan volando, porque ya hemos pasado por ello una vez, cuando teníamos su edad. Los Años en Familia pasan rápido, pero importan durante toda la vida.

Con la pronta partida de Gavin, y luego el resto de ustedes que irá despegando cada dos años, nuestros días de influencia se van reduciendo. Imagino que aquí quiero ponerme a escribir, asegurarme de que saben exactamente lo que esperamos para ustedes y de ustedes. Tal vez no sean lo que ustedes piensan. Por supuesto, hemos estado con la misma cantilena sobre las notas todos estos años, pero el cuadro de honor no es en realidad nuestro principal apuro. Tenemos otros sueños además de educar a niños según el manual (con esto no quiero decir que lo fueran alguna vez).

La amabilidad. Esto pasa directamente al frente. Su papá y yo hemos pasado la mitad de nuestra vida, más o menos, y hemos conocido todo tipo de personas. Las que destacan en nuestros recuerdos son las amables. Queremos de todo corazón que sean tiernos hacia las personas. La empatía es clave para una vida sincera. Oro más por su bondad que por su éxito, porque esto último sin lo primero es una tragedia. Dios mide toda nuestra existencia por dos cosas solamente: cómo le amamos a él y cómo amamos a las personas. Si entienden esto correctamente, no importa que puedan comprender de forma equivocada un millón de cosas.

Y adivinen una cosa. Tienen el mejor lugar para practicar ahora mismo: la escuela pública. No puedo recordar años más inseguros y difíciles que la escuela intermedia y secundaria. Ustedes son un completo desastre, pero algunos niños están peor, porque son muy, muy diferentes... y los años adolescentes no son seguros para los que son diferentes. Algunos de sus compañeros de clase apenas salen por la puerta cada día. Ustedes los ven. Se meten con ellos, se burlan de ellos o los ignoran por completo, como si ni siquiera importaran. Ellos fingen que no les importa, o que no escuchan, pero ustedes saben que sí. ¡Esos años les dolerán durante mucho tiempo!

En primer lugar, espero que ustedes los vean. Esto es más difícil de lo que parece; tienen que aprender a ver a las personas que sufren, porque ellos buscan cómo actuar para ser invisibles. La bondad necesita receptores. El mundo entero está lleno de niños solitarios, dejados, humillados y tristes, y verlos es el primer paso. Porque son tan preciosos como ustedes. Si pueden aprender esto durante los Años en Familia, cambiará su vida, porque desarrollarán ojos para el dolor, que es exactamente como Jesús caminó por esta tierra. Si su radar de misericordia es fuerte ahora, Dios puede hacer cualquier cosa con ustedes más tarde.

Mi sueño es que vean a los niños que sufren y que hagan la sencilla y valiente obra de la amabilidad. Esto no es fantasía en absoluto. Suena así: *¿Quieres sentarte con nosotros?* o *De veras me gusta tu conjunto* o *¿Qué pasa, amigo?* o *¿Qué estás leyendo?* Tal vez no parezca gran cosa, pero si es la única palabra amable que han escuchado en todo el día, les dará literalmente la fuerza para seguir adelante.

En ocasiones la amabilidad requiere un valor más serio, porque los niños heridos son un blanco fácil, y los cobardes intimidan y abusan mientras miran para otro lado ignorando su mala acción. Espero que se interpongan entre los maltratadores y los maltratados, negándose a observar en silencio cómo un niño derriba a otro. Espero que digan NO. Espero que digan DÉJALO TRANQUILO. Espero que acojan a los niños heridos en sus brazos, en sus círculos de amigos, protegiéndolos y valorándolos.

Tráiganlos a casa, a nuestra mesa, y los amaremos juntos. El más diminuto retazo de esperanza basta para salvar a un niño solitario de ahogarse. Les sorprendería saber lo poderosa que es la amabilidad en realidad. No estoy siendo dramática: ustedes pueden salvar corazones y vidas con gracia. Hagan ahora esta buena obra, y la harán durante toda su vida.

Mi siguiente sueño para ustedes es el valor de ser exactamente quienes son. Su papá y yo pensamos que son cinco chicos brillantes. Los amamos y los queremos. Ninguno de ustedes es como el otro, y no cambiaríamos nada de ninguno. Ni una sola cosa. Nos gusta su humor, sus rarezas, su pasión y su fuego, y es evidente que Dios los diseñó exactamente así. Estamos absolutamente encantados con ustedes; complacidos de poder ser los padres de unos niños tan interesantes. En serio. Estamos entusiasmados con ustedes.

Ahora estamos en nuestros cuarenta, por lo que hemos aprendido las ventajas de ser fieles a nosotros mismos; pero cuando se es joven, el «ser uno mismo» es un concepto resbaladizo. Resulta muy tentador inclinarse, dejarse llevar, fingir. Lo sé muy bien. Lo recuerdo. Siempre he odiado las grandes multitudes y las fiestas ruidosas, pero fingía que disfrutaba ambas cosas. Me importaba gustar más, que lo que me importaba ser genuina. Desearía volver atrás y decirme a mí misma que ni siquiera importaría, que a mis amigos de verdad les gustaría quien yo era realmente y que ellos eran los únicos que se quedarían a mi lado.

A su edad, hace falta valor para marchar según tu propio ritmo. Son muy pocos los niños que lo intentan. La popularidad es un objetivo terrible, porque tienes que perderte a ti mismo para encontrarla. Si sacrifican una parte preciosa de ustedes mismos, sería una calamidad. En ningún momento, en ningún entorno, con ningún amigo deben ser otra cosa sino exactamente quienes son. Nunca hay necesidad de actuar de un modo menos raro o con más entusiasmo o con un ansia adicional o remotamente malo para complacer a otra persona. Cuando quieran decir que no, digan no. Cuando quieran decir que sí, digan sí, aunque nadie más lo haga. Su papá y yo cubriremos sus espaldas.

Gavin, eres tan extravagantemente divertido. Te gusta el humor tanto como a mí; escuchar *podcasts* de monólogos cómicos contigo es lo que más me gusta. Sé esa clase de tipo. No reduzcas tu personalidad; estás hecho de ese modo y nos encanta. Eres muy divertido. Sydney, pareces una abuela bibliotecaria que ama el mundo, el reciclaje y el aprovisionamiento de comida local. Da gusto estar contigo. Si pierdes una sola de tus cualidades, me moriría. ¡Nos gustas tanto! Caleb, tú eres ese niño elegante, desternillante, con grandes sentimientos y claros sueños. Sabes lo que amas y no soportas la injusticia, y tu papá me pilla siempre mirándote fijamente con Ojos de Mamá Enferma de Amor. Ben, tú eres uno de los niños más amables y brillantes de la tierra. Te esfuerzas y amas mucho, y has vencido demasiadas cosas para seguir siendo tan tierno. Eres una delicia. No puedo creer que me haya tocado ser tu madre. Remy, eres una estrella brillante, resplandeciente. Eres tan leal y preciosa, tan amorosa y divertida. Chica, nadie ama los números, los calendarios y las fechas como tú. No podríamos desear que una sola cosa en ti fuera diferente. Eres nuestro tesoro.

Si aprenden a ser auténticos en la infancia, evitarán entrar en la devastadora «perdición» que tantos soportan más tarde. No tendrán que reinventar, volver a imaginar o redescubrir quiénes son cuando tengan veintitantos años, cuando estén tomando las decisiones más importantes de su vida (un momento terrible para una crisis de identidad). Vivir sinceramente requerirá valor, pero hagan ahora el trabajo difícil o más tarde, cuando sea más duro todavía. Algunas personas nunca lo hacen y viven con poco entusiasmo durante toda su vida.

Sean ustedes, porque son estupendos.

Finalmente, hablemos de Dios. Ustedes son los hijos de un pastor. Lo siento. Intentamos no poner «deben» y «no deben» poco razonables sobre ustedes, chicos, pero estoy segura de que acabamos haciéndolo (podrán resolver esto algún día con su terapeuta). Les resulta extraño pensar en papá y en mí como personas reales, pero lo somos. Nos convertimos en padres a la edad de veintitrés y veinticinco años, apenas lo suficiente mayores para votar. Sé que no hacemos ni la mitad de esta tarea de padres correctamente, ¡pero esperamos tanto que por imperfecta que haya sido nuestra forma de ejercer de padres, hayamos puesto a Dios en sus vidas!

Él es lo único de lo que estoy segura. No tengo ni idea de cuáles serán sus profesiones (algo que les ayude a vivir) o con quién se casarán (por favor escojan cónyuges alegres y divertidos). Desconozco dónde vivirán (Austin) o cuántos hijos tendrán (¡nietos!), pero si aman a Jesús, no tengo miedo por ustedes. Mucho antes de ser nuestros, le pertenecían a Dios. No puedo imaginar los planes que él tiene para ustedes, pero estoy segura de que son espectaculares, porque él lo es y ustedes también lo son.

Amen a Dios y síganlo. De veras que nada más importa. Si están inseguros de lo que deben hacer, recuerden cómo Jesús amó a las personas. Fue el mejor en ello. Pueden confiar en él, porque dondequiera que les pida que vayan, él ya ha estado allí también. No es una senda fácil, cariñitos. Jesús fue a lugares difíciles e hizo cosas difíciles; amó a personas que nadie más amaba o que todos despreciaban. Pero si confían algo en nosotros, créanme: esta es la vida que quieren, esta vida de Jesús.

Cuando las personas les fallen —y lo harán—, Jesús siempre es fiel. Cuando las circunstancias se derrumben —y lo harán—, Jesús los sostendrá fuerte. Él es el Salvador más confiable de quien se pueda depender, y jamás estarán solos. Esto me consuela mucho, porque como padres imperfectos que han fallado a menudo, nos sentimos aterrorizados de enviarlos fuera sabiendo que no hicimos bastante. Pero Jesús es suficiente para todos nosotros. Él es suficiente para ustedes. Nadie es más seguro que él. Nadie los ama más. Nadie los guiará mejor.

Así que estos son mis sueños para ustedes:

Sean amables.

Sean ustedes.

Amen a Jesús.

Eso es todo. Lo demás encajará en su lugar. Si son amables y aman a Jesús de forma genuina, se casarán bien, ejercerán bien como padres, vivirán bien y amarán bien. Nos sentimos muy entusiasmados por verlo. Creemos en ustedes. Dios nos dio cinco hijos extraordinarios, y estos años durante los cuales los hemos criado son un gozo, un regalo y el deleite de mi vida.

El momento del despegue empieza el año que viene y apenas puedo hablar de ello. Ha pasado el tiempo tan rápido. La gente me decía que así sería y yo no lo creí, pero aquí estamos, en la recta final; la línea de meta está cerca. Los Años en Familia van menguando y eso literalmente me deja sin aliento. (Su papá dice que solo están creciendo, no muriendo, pero lloraré por ello SI QUIERO HACERLO). Ustedes son el gozo completo de mi corazón, y si pudiera escribir mi historia perfecta desde cero, sería exactamente nuestra vida. Ustedes son mis tesoros en esta tierra... míos, tan adorados. Cuando tenga ochenta y nueve años y mire en retrospectiva a los Años en Familia, diré: «¡Lo pasamos muy bien!».

Sean amables, sean ustedes y amen a Jesús. Su papá y yo los animamos, amados nuestros.

CAPÍTULO 12

El matrimonio: Diversión y sustancia

Brandon y yo llevamos veinte años de casados. Esto es chocante, porque parezco tan joven (por favor, sígueme la corriente), pero la explicación para tu confusión es que me casé a los diecinueve años. Como ves, era una adolescente que ni siquiera podía tomar una copa en su propia boda. Tengo un hijo de dieciséis años, y si dentro de tres años me anunciara que se ha comprometido, lo encerraría en el desván y le diría a su novia que había huido a Croacia para encontrarse a sí mismo, y que lamentamos mucho el giro desafortunado de los acontecimientos, pero *más vale que sigas adelante, hermana*. Ridículo.

No obstante, habiendo aguantado los primeros años manteniéndonos con el queso que el gobierno les daba a los pobres, los años confusos de bebé/niño pequeño/preescolar, los años de la locura de «quiero ser una escritora y no, no se gana dinero con eso», y ahora los años de «uno en primaria, dos en la escuela intermedia y dos en la secundaria», lo conseguimos. Tenemos cinco hijos como cinco soles. Llevo más tiempo de casada que el que estuve soltera. Llevo con el mismo hombre desde que AT&T puso en venta el primer «videoteléfono» por mil cuatrocientos noventa y nueve dólares. (Justo cuatro años después tuve mi primera dirección de correo electrónico y ridiculicé: «Ah, sí. Como si la gente fuera a tener ordenadores en casa para enviarse correos electrónicos unos a otros. ¡No somos millonarios! Y qué, ¿me vas a escribir una nota? ¿A mi dirección de correo electrónico? ¡Qué tontería!». (Nadie me ha acusado jamás de ser una visionaria).

En veinte años he aprendido unas cuantas cosas. Mayormente por las malas. Desde luego, planeé ser una Encantadora Esposa Corderita, pero da la casualidad que tengo una fuerte personalidad y se me olvidó ser encantadora. Además, me casé con un hombre de fuertes opiniones sobre todas y cada una de las cosas de todo el universo pasado y presente. *Moderado* no es un adjetivo que se haya desperdiciado en nosotros. Aprendimos nuestras lecciones en las trincheras del compromiso. Con todo el debido respeto a la resurrección, que dos se conviertan en uno podría ser el mayor milagro jamás visto.

Compartiré nuestras percepciones ganadas a duras penas en caso de que seas una Encantadora Esposa Corderita que no necesita aprenderlo todo a las malas, bendito seas querido y amado corazón.

1. No se les da bien las mismas cosas y eso está bien.

Brandon y yo decimos que juntos hemos formado una persona completa. En el ritmo del matrimonio, descubre tus propias notas e interprétalas bien. Esta es tu parte de la canción. Deja de enojarte porque a tu hombre se le dan fatal tus notas. Son tuyas. Él tiene las suyas. Ciertamente habrá coincidencias, pero no te casaste con tu clon. Confórmate con haber formado una sola persona entre los dos. Brandon seguirá comprándome regalos muy pensados, sentimentales, perfectos, y yo seguiré teniendo buenas intenciones. Me preocuparé profundamente de las comidas caseras orgánicas y de procedencia responsable, y Brandon seguirá llevándolos a McDonald's cuando yo esté de viaje. Sé buena con tu mitad y deja que tu marido sea bueno con la suya.

2. Estoy completamente a favor de la sinceridad, pero fingir tiene su lugar.

Esto podría ser chocante, pero no les interesarán las mismas cosas. Quiero decir que, desde luego, tal vez *a ti* te importe mucho el Chevelle SS de 1971, de setecientos cincuenta centímetros cúbicos y doscientos caballos V-8 del que tu esposo quiere hablar, pero yo tengo que disponer mi rostro en Modo de Escucha Interesada, mientras mi mente está pensando en el bebé de William y Kate. De manera similar, Brandon dice que mis bailarines favoritos de *So You Think You Can Dance* tienen «un enorme talento». Bendito sea, no puedo imaginar algo que le importe menos, pero ahí está, repartiendo cumplidos. (Se beneficia de mis sentimientos románticos al ver cómo bailan, así que no le hagas una fiesta). Que te importe lo que le interesa a tu cónyuge es sumamente importante. A veces el diagrama de Venn cruza perfectamente y en realidad a ambos les gusta la Locura de Marzo, y en ocasiones te pones en Modo de Escucha Interesada y finges, porque tal vez no te guste la temporada de ciervos, pero amas a tu hombre.

3. Estoy totalmente a favor de fingir, pero la sinceridad tiene su lugar.

Atender educadamente a los intereses de tu maridito es una cosa, pero retener la sinceridad fundamental es otra bien distinta. Soy emocionalmente cauta, y todos los sentimientos de Brandon están siempre a plena vista. Yo interiorizo y él exterioriza.

Hace unos cuantos años albergué ciertos resentimientos ocultos, en silencio, pero fueron apareciendo a los lados del camino, como suele ocurrir siempre. Todo aquel año estuvo marcado por silencios de hielo, frías interacciones y dañinos monólogos internos. Si esto no suena a «problemas matrimoniales reales», en la relación fue catastrófico. Estábamos en el auto cuando por fin Brandon rompió el silencio y comentó: «No tengo la menor idea de qué está yendo mal, pero esto no puede seguir así. No puedo vivir de este modo». Yo estaba librando una batalla que él ni siquiera sabía que existía, lo cual es espectacularmente injusto. Mi resentimiento había construido un muro de piedra, pero expresarlo empezó a tirar abajo la división. El dolor, el enojo y la amargura desatendidos pueden destruir hasta el mejor de los matrimonios. Enfrenten con sinceridad cada aspecto difícil, cada punto sensible, porque la veracidad duele durante un minuto, pero el silencio es el tiro de gracia.

4. Encuentra las mejores parejas amigas.

No me importa con cuántas parejas cuentes para salir; sigue buscando hasta encontrar una donde 2+2=4, o mejor aún, 2+2+2=6 (esta ecuación podría ser incluso más larga, pero temo que las matemáticas acabarían siendo tediosas). Hicimos nuestro primer viaje en parejas hace diez años, y le dije a Brandon: «Cariño, te amo y viajar juntos es sorprendente. Pero no lo es tanto como viajar con nuestros amigos. No te ofendas». Las relaciones en pareja son tan vitales que, literalmente, no puedo imaginar nuestra vida adulta sin ellas. No me refiero a la interacción social educada entre adultos ligeramente obligados; estoy hablando de amigos que vienen con sus horribles pantalones de pijama y se burlan de ti en tu cara. Los que envían mensajes de grupo con vídeos tontos y crean montones de bromas privadas y recuerdos. Donde las chicas pueden estar con las chicas o los hombres con los hombres, o todo el grupo va a Cancún para celebrar los aniversarios de boda. Ese tipo de amistad nos mantiene saludables, anclados y conectados como ninguna otra cosa lo hace. Como declaraban los sabios filósofos del conjunto White Lion: «Eres todo lo que necesito». Y yo añadiría: «Más nuestros amigos. No te ofendas».

5. Relájate.

En una ocasión, Brandon y yo jugábamos al Scrabble con nuestros amigos, y él me enfadó tanto que barrí con la mano todas las fichas y las tiré al suelo como si fuera una lunática. Destruí todo el juego. (Me parto de risa al escribir esto. ¡Qué locura! En honor a la verdad, una de nuestras mayores peleas fue cuando le indiqué a Brandon que «girara a la derecha después de la torre», queriendo decir «el único giro posible a la izquierda "justo después de pasar aquella torre" que estoy señalando a la izquierda, apuntando con mi brazo, ya que a la derecha hay un campo de trigo», y habiéndose saltado el giro, se enfadó tanto conmigo por decir «derecha» en lugar de «izquierda» que no nos hablamos durante todo el día). Jóvenes matrimonios, sigan mi consejo: sigan adelante y relájense. No esperen por una Crisis de Gira Aquí a la Derecha Hacia la Izquierda para resolverlo. Son muy pocos los asuntos que merecen de verdad una discusión. El matrimonio no es el lugar para ser excesivamente susceptible. No podemos picarnos por cada minucia. Aprende a retener la observación mordaz, la reacción herida, la réplica irritada. Las lenguas casadas deberían hacerse trizas con la cantidad de palabras desagradables que sueltan y que son como mordeduras que se devuelven. No es posible que todo sea para tanto, porque cuando ocurren las cosas que de verdad son relevantes, estamos demasiado agotados para ocuparnos de ellas. ¿A quién le importa en realidad si él deja siempre abiertas las puertas de los armarios? Bueno, está bien. A mí me importa. Lo que sea, tío.

6. Sé amable.

Deberíamos tratar a nuestros maridos al menos con la misma amabilidad que tratamos al guardia de cruce peatonal. Si no les hablo groseramente a mis amigas, es muy probable que no debiera guardar mi peor conducta para el hombre con el que duermo. Veinte años después, me sorprende lo lejos que llegan las exquisiteces básicas. Estamos ya de vuelta de los gestos teatrales y los torrentes emocionales; ahora nos hemos establecido educadamente entre el «Aquí tienes, te he servido un poco de café» y el «¡Qué guapa estás hoy!». En nuestros cinco primeros años, la magia suponía un espectacular sexo de reconciliación. ¿Sabes qué resulta *sexy* a los veinte años de casados? La amabilidad. Los elogios después de todo este tiempo. Dar las gracias. Disculparse. Estoy por encima de todo el drama; dame amabilidad en un día normal. Tratar a tu esposo como a un buen amigo conservará tu matrimonio para siempre. Solo actúa como si fuera alguien con quien quieres vivir y no como un difícil amigo falso.

7. Manténganse unidos espiritualmente.

Esto no es exacto, porque somos individuos atados en una unidad, pero recorran juntos el camino espiritual. No hay nada que le haga sentir más sola a una que el que su pareja vaya un kilómetro y medio por detrás de ella. Formulen preguntas juntos, debatan sobre lo que están aprendiendo, luchen juntos, asistan a las mismas clases, realicen los mismos estudios, niéguense a dejar al otro en el polvo. Servir juntos revolucionó nuestro matrimonio. Si uno va por delante, prioriza la paciencia y no des la lata resistiéndote. Dios no es una cuña entre los cónyuges; si no caminan el uno junto al otro, creo que Dios los esperará a ambos. Pulsa Pausa. No proporciones la profundidad espiritual a tu iglesia o tus amigos, y dejes las restantes tareas domésticas para tu hombre. Crezcan juntos, aprendan juntos, busquen juntos, sirvan juntos. Esta es la parte más eterna de su unión; trátenla con el máximo cuidado.

8. Dejen de intentar cambiarse el uno al otro.

Miren, jóvenes casadas, quiero ahorrarles algún dolor. Su marido es quien es. Su temperamento y sus tendencias están básicamente establecidos. Si es un planificador en serie, deja de imponerle la espontaneidad. Si es un Tipo de Momentos Divertidos, deja de desear que fuera un ingeniero cuadriculado. Por lo general tienes aquello con lo que te casaste; y cuanto antes aceptes al hombre que te llevó al altar, mejor. No malgastes energía intentando fundamentalmente cambiarle. No harás más que amargarte, y de todos modos, no funcionará. Hazme caso: todas las personas tienen un lado negativo, incluso tú. La hierba no es más verde en otro lugar. Cada matrimonio incluye a dos seres humanos pecadores y molestos. La gracia es nuestra única esperanza. Acéptalo, con sus mejores partes, la medianas y las que no soportas (tú también las tienes). Cuando es evidente que a tu pareja no le gusta *quién eres*, resulta muy frustrante. Si estás intentando cambiar la forma misma en que tu esposo está hecho, quítense la soga que ambos llevan puesta al cuello. Libéralo, y tal vez recuerdes cuánto te gusta el resto de él.

9. Diviértanse.

En ocasiones tienes que romper a bailar «a lo corredor» cuando se toca un tema del cantante Vanilla Ice. Todo marido debería ser salpicado de vez en cuando por la espontaneidad de su esposa. Yo digo que la pareja que avergüenza a sus hijos junta tiene un cien por cien de probabilidades de triunfar. Brandon y yo solemos asistir con regularidad a los programas de la escuela intermedia, o sea desde el quinto al octavo grado, y les tomamos el pelo a los niños. (No nos regañes. Los escolares de la escuela intermedia son sorprendentemente torpes. Incluidos los nuestros). En mi opinión, reír juntos es lo mejor que el matrimonio ofrece. ¡La diversión está tan infravalorada! Y es un poderoso pegamento. Nos ayuda a gustarnos el uno al otro, no solo a amarnos. La vida nos deparará gran cantidad de luchas; no es necesario que fabriquemos momentos sobrios de adultos. Estos los tenemos a montones. Inyectémosle tontería, risas, divertidos juegos de mesa, películas bobas y movimientos ridículos al bailar en la boda de un/a primo/a. Busca la mirada de tu esposo desde el otro lado de la sala mientras cuenta una historia divertida y hazle saber con la expresión de tu rostro: *Me gustas, hombre. Estás contando esa historia de una forma magistral.*

10. Practiquen mucho el sexo.

Esto es sencilla y sinceramente una realidad. Ya sea a la manera del chico (hacer el amor *para* sentirse amado) o a la de la chica (hacer el amor *porque* se siente amada), al final de los doce minutos, ambos están felices. (Jóvenes casadas, aquellas tardes de domingo llenas de sexo están condenadas. Si Brandon quisiera ahora practicar el sexo durante tres horas, me trasladaría a Canadá. Esto no suena a amenaza; más bien a ITU [Infección del Tracto Urinario]. Un poco de normalidad, hombre). El sexo es mágico. Nos reúne y nos mantiene juntos. Es imposible tratar aquí todo el potencial del bagaje sexual, pero diré esto: todo aquello por lo que vale la pena luchar, merece que se luche por ello hasta el final, y el sexo sano en tu matrimonio es una de esas cosas. El sexo puede ser infinitamente más que una concesión. Si tu marido sabe que le amas y le deseas, le estás dando poder sobre cualquier otro ámbito. Este es un lugar en el que es vulnerable, y tu deseo en el dormitorio es más que amar; es poderoso. Si no tienes ni idea de por dónde empezar, si los problemas maritales son abrumadores y no puedes discernir los siguientes pasos, empieza por el sexo y contempla los milagros que pueden ocurrir.

El matrimonio es un trabajo de locos, pero es un buen trabajo. Dos personas deben superarse a sí mismas con regularidad y luchar por el amor. No se puede ir en punto muerto; hay que tener por siempre el pie en el acelerador. Algunas partes resultan más fáciles y otras más difíciles. El matrimonio es completamente hermoso, y en ocasiones, no tanto, y muchos de nosotros lucharemos por regresar desde la desintegración para crear algo más fuerte que antes... con cicatrices, por supuesto.

Miles de veces, durante una vida que se construye juntos, uno se acerca a un punto y escoge: escojo tu felicidad, tu salud, tu bienestar. Elijo edificarte en lugar de despojarte. Te prefiero a ti y no a Otro Brillante y Falso que promete algo mejor. Me decanto por el perdón, porque de otro modo estamos perdidos. Opto por creer en ti. Escojo esta vida que hemos construido, estos hijos que hemos creado, este legado que estamos formando. Elijo a Dios en ti y en mí, conformándonos más a su Hijo, escribiendo una hermosa historia con nuestra vida en común. Me decanto por ti y volvería a escogerte una y otra vez. Como Jane Eyre decía de su Sr. Rochester: «Sé bien lo que es vivir con quien se ama más que a nada en el mundo. Soy felicísima, porque lleno la vida de mi marido tan plenamente como él llena la mía».[1]

Capítulo 13

Niños de Jesús

Amiga lectora, yo era exactamente la Chica del Grupo Juvenil de la Iglesia que tú crees que era. Camisetas cristianas y coro juvenil con un poco de santurronería. Me duele admitir esto, pero mi clase me votó como la «Más Inspiradora» en mi último año. Era muy divertida, Dios me bendiga.

Crecí inmersa en la típica cultura cristiana: fuerte énfasis sobre la moralidad, bastante dogmática, lineal y autoritaria. Dado que mi experiencia era tan homogénea y mi conjunto de aptitudes incluían el ser formal, tuve un éxito tremendo dentro del paradigma. Mis interpretaciones se veían rara vez desafiadas por la diversidad, el sufrimiento o la disparidad. Dado que el objetivo era la buena conducta (la llamábamos «santidad»), conseguí un sobresaliente.

Sin embargo, conforme fui deslizándome hacia la adultez, mi firme fundamento soportó cierta confusión. Observé que muy pocos de mis compatriotas de campamentos de la iglesia, que habían tenido «fuego en su corazón» solo unos cuantos años antes y se habían convertido en discípulos de los conjuntos Third Day y Mercy Me, seguían en la iglesia después de la escuela secundaria. Como escogí una pequeña universidad bautista, mi entorno del grupo de jóvenes se conservó en un entorno colegiado, y seguí confusa y ligeramente traicionada por el éxodo masivo de mis amigos. Mi propia tensión espiritual se retardó y no entendí la migración hasta más tarde.

Y aquí es donde esto se hace real para nosotras, las mamás: es absolutamente la tendencia. El instituto de investigación Ranier Research descubrió que casi las tres cuartas partes de los jóvenes estadounidenses abandonan la iglesia entre los dieciocho y los veintidós años, mientras que el Grupo Barna estima que hacia los veintinueve años, el ochenta por ciento de la población educada en la iglesia se «desconectará» de la cultura eclesial.[1]

Es un ochenta por ciento. Se han ido.

Son nuestros hijos.

Una encuesta reciente a nivel nacional sobre la identificación religiosa observó que los que respondían que «no tenían religión» (los ninguna) constituían el único grupo que había crecido en todos los estados. Según Drew Dyck, informando para *Christianity Today*, «un enorme veintidós por ciento de entre dieciocho y veintinueve años afirmaban no tener ninguna religión, en comparación con el once por ciento de 1990. El estudio también descubrió que el setenta y tres por ciento de los que contestaron "ninguna" procedían de hogares religiosos; el estudio describía al sesenta y seis por ciento como "desconversos"».[2]

El mecanismo no está reteniendo. En el mejor de los casos, la religión está dejando a los jóvenes adultos desinteresados, y en el peor, hostiles. Debe estar fracasando a la hora de captar su lealtad, porque estos números no mienten. Una rápida investigación revela objeciones comunes a la iglesia:

- Su énfasis en la moralidad y los resultados de las votaciones en asuntos como la justicia y la transformación
- Una postura de «yo y mío» frente a tú y tuyo
- Una postura defensiva que trata como adversarios a las personas que no van a la iglesia o que han dejado de ir

- Una oposición a la ciencia
- Su consumismo
- Su hostilidad de grupo hacia la comunidad gay
- Arrogancia en lugar de humildad

Nuestros alumnos de segundo grado no deberían navegar aún por esta tensión, pero su momento crucial se encuentra justo a la vuelta de la equina. Es mejor considerar la tendencia dominante que suponer que nuestros hijos se encontrarán en el veinte por ciento de satisfechos (que se va encogiendo). ¿Qué podemos hacer? ¿Cómo educamos a nuestros hijos para que sigan amando a Jesús mucho después que dejemos de llevarlos a la escuela dominical?

Las malas noticias son que no hay sistema ni programa en diez pasos que asegure el éxito. Los niños son ellos mismos; este es un claro lado negativo de los chicos. Los padres de niños pequeños creen que siguen controlando los resultados, pero las madres de hijos mayores saben más. Los niños son seres humanos de verdad, con corazón, mente, ideas y largas listas de pecados que manejar. No existe un camino secreto alrededor de su humanidad.

Podemos colocar buenos indicadores, pero no trazar su rumbo.

Permíteme hacer una pausa para reconocer el botón del temor que tal vez acabo de pulsar. Lo último que quiero es aterrorizar a mis amadas lectoras, pero no podemos resolver aquello que no reconocemos. (Yo preferiría que absorbiéramos estas estadísticas aleccionadoras ahora en lugar de sufrir el shock y el desaliento más tarde, aturdidos por las luchas espirituales de nuestros hijos). A medida que avanzamos en este debate, recuerda esto: Dios ama intensamente a nuestros retoños. Siempre está trabajando para ellos, hacia ellos. Independientemente de lo lejos que puedan o no llegar en el camino marcado, jamás los abandonará. Ser padre es algo que trata tanto sobre nuestra santificación como sobre la de ellos; nos enseña a confiar en Dios y a escuchar con humildad, a entregarle nuestros mayores tesoros para que estén bajo su custodia. Nadie quiere más para nuestros hijos que Dios (ni tampoco sabe cómo es ese «más»), y él es un líder poderoso. Podemos depositar confiadamente en él nuestro temor, nuestras esperanzas y nuestros hijos.

Como padres, solo somos los que ponemos las señales —es lo mejor que podemos hacer—, así que tengo algunas ideas para esos indicadores. En primer lugar, presta atención a todas las quejas enumeradas más arriba. No hay tiempo para defender nuestras perspectivas y obstinarnos. Tenemos que educar a los niños que tenemos y no a los niños que fuimos. Los jóvenes adultos están abandonando la iglesia, así que podemos escuchar cuidadosamente, u observar su espalda mientras se marchan. No podemos estar más comprometidas con nuestros métodos que con nuestro mensaje. ¿Queremos levantar discípulos? Entonces préstale la misma atención a lo que no está funcionando y a lo que sí lo está.

Trata sus preguntas y preocupaciones con respeto, porque, en mi opinión, tienen una percepción decente de nuestro cristianismo cultural. En lugar de empezar con «Ustedes son jóvenes y no tienen ni idea», tal vez deberíamos decir: «Cuéntenme lo que ven y lo que les preocupa. ¿Qué los arrastra a la iglesia? ¿Qué los empuja fuera de ella? ¿Qué dicen sus amigos?». La humildad atrae a la siguiente generación con la misma facilidad que la arrogancia la aísla. ¡Esto es tan crucial! Si descartamos esta conversación, los estaremos despidiendo de la iglesia.

A mayor profundidad aún, examinemos la temperatura espiritual de nuestros hogares. ¿Somos arrogantes y sentenciosos? ¿Les enseñamos sutilmente (o de forma abierta) a nuestros hijos que deben sospechar de cualquier «otro»? ¿Ponemos en sus manos unas herramientas espirituales principalmente defensivas, fomentando una postura «en contra de ellos» en lugar de una «a su favor»? ¿Enfatizamos la conducta por encima del carácter? Porque la buena conducta no va a garantizar nada. Si no aman a Jesús y a las personas, importa poco que permanezcan vírgenes y que no pronuncien la palabra que empieza por «j». Debemos pastorear sus corazones, no solo sus dobladillos.

Jesús opera más allá de los nítidos límites de la buena conducta. En lugar de limitarnos a hacer cumplir sus normas, deberíamos mostrarles su reino a nuestros hijos. Ahí es donde descubrirán a un Salvador del cual enamorarse. Allá afuera, donde la vida es desordenada y las relaciones son complicadas. Donde luchan los pobres y la gracia es la cuerda salvavidas. Si queremos levantar discípulos, haríamos bien en llevarlos adonde Jesús está trabajando, porque descubrirán su llamada con mayor rapidez en el campo que en las desinfectadas aulas de la iglesia o en los gráficos de conducta.

La siguiente generación está gritando: «¡No podemos encontrar a Dios en la iglesia! ¿Cómo obra Dios en los lugares quebrantados? ¿Por qué son los cristianos tan malos, y están tan asustados y a la defensiva? ¿Dónde está la parte de las "buenas nuevas"? ¿Por qué gasta la iglesia tanto dinero en sí misma? ¿Por qué insisten los creyentes en que Jesús está en la Casa Blanca cuando pasó su tiempo con los leprosos? Si él no redimió al mundo sentado en su trono, ¿por qué lo haría ahora? ¿Por qué el cristianismo huele tanto a poder y agresión, cuando Jesús fue humilde y subversivo?».

Estas son buenas preguntas que merecen consideración.

Estamos criando a hijos postmodernos en una generación postmoderna. Una explicación increíblemente reducida de pensamiento moderno (en la que la mayoría de nosotros tenemos al menos un pie) sería: *Tengo todas las respuestas y tú también puedes poseerlas.* Esto ha hecho funcionar a la sociedad durante trescientos años. El cambio al postmodernismo empezó en nuestra infancia y define por completo a la generación siguiente. Su mantra es: «No tengo todas las respuestas ni tú tampoco». Lo contrario. No es de sorprender que estemos experimentando una enorme falta de conexión.

Lo que muchos de nosotros adoptamos como sólido y cierto parece condescendiente y exclusivo de ellos. Los valores que nos parecían fidedignos a algunos de nosotros —autoridad, tradición, razón, lógica, verdad absoluta— no son más que propaganda fácilmente desmantelada para los postmodernos. La autoridad —padres, líderes de iglesia, gobierno— le ha fallado a la siguiente generación de maneras profundas. Los postmodernos no se tragarán la ideología solo porque alguien dijo que sabía bien. El cinismo es con frecuencia su obstáculo, pero también protege sus corazones de una traición adicional. Ellos pueden husmear una farsa a más de un kilómetro.

Los postmodernos experimentan a Dios de un modo distinto al que la mayoría de nosotros lo experimentó a su edad. Yo aprendí apologética y practiqué defender mi fe (*Tengo todas las respuestas y tú también puedes poseerlas*). Ellos tienen hambre de comunidad y justicia, humildad y anticonsumismo. No les gusta lo resbaladizo. No confían en un líder sin fuerzas. Como lo cuestionan todo, requieren entornos espirituales seguros donde las luchas sean bienvenidas y debatidas (*No tengo todas las respuestas ni tú tampoco*). Se les debe permitir que lidien sin sentirse avergonzados, o recurrirán a sus pares quienes los recibirán con brazos abiertos y los perderemos.

No podemos encogernos de hombros porque esta es la siguiente generación de la iglesia. Si dejamos caer el testigo aquí, los sociólogos predicen una cultura totalmente postcristiana dentro de dos generaciones. Nuestros hijos necesitan mentores espirituales, y si un nuevo lenguaje y postura los guía, entonces más vale que nos arrodillemos, oremos pidiendo humildad y le supliquemos a Dios que nos ayude a levantar discípulos que le amen más allá de nuestros hogares. Priorizamos la transformación sobre la metodología, porque nuestras normas tienen caducidad, pero la lealtad a Jesús no. Conservemos al bebé y cambiemos el agua del baño.

Los postmodernos comparten varios valores clave con el evangelio, y en esos lugares, Jesús tiene sentido y uno siente que la iglesia es relevante. Estos puntos de contacto bíblicos funden la división generacional. Cuida de los pobres y los marginados, para empezar. Esto tiene sentido para nuestros hijos. ¡Y para Jesús! ¡Punto extra! ¡Mismo lado! Mamá, ama los valores extremos en el nombre de Jesús y tus hijos lo notarán. Conviértelo en una prioridad familiar. Enséñales: *Así es como amamos, aquí es donde gastamos nuestros dólares, así es como servimos a nuestra ciudad.* Esto les importa profundamente a nuestros hijos ahora, ciertamente en la adolescencia, y con urgencia en su joven adultez. Si la idea de Jesús se vuelve confusa en el santuario, Jesús se aclara de nuevo en los márgenes. Dale al Jesús del Santuario algo a qué apegarse en el mundo real y la Biblia volverá a parecer veraz una vez más.

Proteger el diálogo abierto y no sentencioso con nuestros hijos es clave. Empieza cuando son pequeños, porque cuando tengan dieciséis años pueden sentir como si necesitaran pedir permiso para formular preguntas espirituales difíciles sin que se les haga oídos sordos, sin condescendencias ni desestimaciones. El temor hace que los padres reaccionen de forma dogmática (¡Terreno resbaladizo! ¡Preguntas peligrosas! ¡Futuros herejes!), pero Dios nunca aparta al que busca y nosotros tampoco deberíamos hacerlo. Nuestros niños pueden presionar sobre el evangelio con demasiada dureza y este resistirá.

Debemos renunciar a la conferencia y adoptar la escucha. ¿Qué están diciendo en realidad? ¿Qué los está confundiendo? ¿Qué piensan? ¿Dónde está la fricción? Escuchémosles y después comprometámosles. Muchos estudiantes buscan nuestro consejo empezando por la misma entrada: «No puedo hablar con mis padres». Con toda seguridad preferiríamos debatir las dudas de nuestros hijos que perder por completo nuestras voces. Quiero que los míos sepan que están seguros del otro lado de la mesa, independientemente de lo que salga de su boca. Prefiero su sinceridad y proximidad al silencio y el desapego. Los niños quieren tener mentores, no que se les gobierne.

Finalmente, démosles sustancias. Cuando los jóvenes adultos de entre dieciocho y treinta y cinco años respondieron a una encuesta a nivel nacional en la que se les preguntó: «¿Qué te arrastraría hacia la iglesia o te mantendría en ella?», enumeraron los cuatro principios siguientes: 1) comunidad, 2) justicia social, 3) *profundidad* y 4) mentoría.[3] La cultura de un grupo de jóvenes orientada al entretenimiento no funciona. Afróntalo: no podemos dejar al mundo sin entretenimiento. Si los programas de discipulado giran sobre la diversión, vendrán ahora, pero no se quedarán más tarde. ¿Por qué deberían hacerlo?

Lo creas o no, los niños reclaman profundidad. Quieren confrontar la teología. Están malnutridos por demasiada gaseosa espiritual, y quieren vino. Al intentar atraerlos mediante la relevancia cultural, la iglesia se ha convertido por accidente en algo irrelevante, como cuando los padres intentan ser guays. Resulta que ellos no quieren que sus padres sean así. Solo desean que sean padres que no cortejan su lealtad ni miman sus sentimientos. Los padres de verdad ordenan: «Sal de la cama y haz tus tareas». Y es que están preparando a sus hijos *para que crezcan algún día.*

Cumplamos lo prometido. Pongamos lo difícil delante de ellos. No deberíamos tratar su inteligencia con condescendencia, porque los niños son absolutamente capaces de tener profundidad espiritual. Enseñémosles a servir y a interesarse por el mundo más allá de su videoconsola. Y tenemos que dirigir nuestra vida, no solo nuestros labios, porque los niños pueden oler una farsa. Nuestra sinceridad es tan crucial que no deberíamos conducirnos así si no estamos dispuestos a ir por delante. Más vale ser apática por completo que descaradamente hipócrita. Pueden vencer lo primero antes que lo segundo. Mientras prediquemos con el ejemplo, podemos cometer errores épicos y vivir para contarlo.

Recuerda esto: digan lo que digan, nuestros hijos le pertenecen a Dios y él está prestando mucha atención. Él siempre está trabajando; nosotras no somos más que un fragmento de su historia. Nuestros hijos pueden desviarse. ¡Serán tantos los que se estrellen y se quemen! Podrían apartarse y podrían volver. En última instancia tomarán sus propias decisiones espirituales y no hay fórmula que asegure ningún resultado. No podemos garantizar su seguridad ni su lealtad, su camino o sus decisiones. Los mejores padres pueden tener hijos autodestructivos, y los peores padres pueden tener hijos que prosperen.

Lo mejor que podemos hacer es darles a Jesús. Nada de normas, conductas, entretenimiento o vergüenza. No tengo confianza alguna en mí misma, pero tengo toda la confianza en Jesús. Él es un alivio muy grande, ¿verdad? Él es siempre la respuesta verdadera, el punto de referencia más fuerte, el mejor ejemplo. Cuando hago de mentora espiritual para mis hijos, ahí está él. Cuando las palabras y las ideas y las «respuestas correctas» me fallan, su vida y su legado liberan. Los niños pueden dudar, con razón, de sus padres, de la iglesia, de la cultura cristiana y de su propia comprensión, pero es más difícil poner en tela de juicio a un Salvador tan bueno como Jesús. ¡Es tan increíblemente confiable!

Jesús es lo único que perdurará. Él triunfa sobre las técnicas parentales, la cultura de iglesia, los límites rígidos y los planes mejor trazados. Jesús puede dirigir a nuestros hijos mucho después de que hayan abandonado nuestros hogares. Los conducirá cuando nuestra tarea haya acabado.

Así que démosles a nuestros hijos a Jesús y confiemos en que él los dirija, aun cuando no veamos resultados en cinco o diez años, o hasta que pasemos al otro lado de esta vida. Y es que, a pesar de lo que su futuro espiritual contenga —las nuevas corrientes, los nuevos tipos de iglesia, la nueva cosmovisión, los nuevos sistemas—, Jesús permanecerá. Solo él es constante, es el único Salvador que se ha mantenido a lo largo de los siglos.

Jesús es el mejor indicador que existe, así que levantémosle.

Capítulo 14

Notas de agradecimiento (Parte 2)

Gracias Compradores Sin Niños. Sé muy bien que mi pequeñín no debería ir de pie en el carro de la compra/comer galletas antes de comprarlas/escalar hasta la estantería superior/preguntar a otros clientes por qué están «tan gordos». En realidad, no entrené a mi hija de la edad del kínder para que anuncie a pleno pulmón en el pasillo 9: «Mami, ¿verdad que me amaste desde que viste mi cabeza salir de tu cuerpo?». No me había dado cuenta de que ustedes son la policía del supermercado, pero gracias por su consejo no pedido, su crítica y sus técnicas directas de avergonzar a las personas. ¡Qué bien que «sus hijos no se hayan comportado así jamás»! Sinceramente, Una Madre al Límite.

Gracias, Margaritas de Mango previamente mezcladas, por ayudarme a volver a pasar por la escuela intermediaria siendo una madre de treinta y ocho años. Es la única forma. Si tienes otras amigas, envíamelas.

Gracias, Norma de No Usar el Teléfono Móvil en los Aviones. Has salvado las vidas de las personas que me rodean, o al menos has impedido graves suspiros pasivo-agresivos y miradas de soslayo por mi parte. Si alguna vez las aerolíneas anulan esta norma, empieza a escuchar a los Cuatro Jinetes del Apocalipsis, porque con toda seguridad esto indicaría que estamos en los últimos días. Sinceramente, Viajera Introvertida Que Usa el Avión Con Frecuencia y Que Utiliza Auriculares sin Escuchar Música Para Que Nadie le Hable.

Gracias, *Angry Birds*, por ayudar a justificar el tiempo de pantalla de mis niños. Ahora estoy segura de que algún día serán unos ases en física. (También cuento con *Minecraft* para la ingeniería, *Madden NFL* para las aptitudes de estrategia y las aplicaciones de Princesas Disney para revertir la autoestima. Sean el aula que fingimos que son, Dispositivos Portátiles).

Gracias, Ponchos, por hacer que sea aceptable llevar encima una manta en público y llamarlo estilo. También me gustaría darle las gracias a tu pequeño socio, los Leggings, por ayudarme a estar linda y cómoda con mi poncho sin roces ni irritaciones en la parte alta de mis muslos. Tú haces posible que la «moda» sea cómoda mientras yo voy a ponerme en la cola del bufé para servirme un tercer plato. (También me gustaría darle las gracias a la Corrección Automática por convertir mi disparate de *jeggings* en *jogging* [trotar], recordándome que si trotara un poco, podría abrocharme los pantalones vaqueros de verdad).

Gracias, Facebook, por ser la prueba suprema de que ser popular en la escuela secundaria no significa nada cuando eres adulta.

Gracias, Dispositivo de Libros Electrónicos, por tu superficie altamente brillante en la que, al bajar la vista, puedo ver mi futuro rostro una vez que mi piel haya perdido toda la elasticidad que le queda. Quiero una pantalla digital, no un espejo terrorífico. Por favor, trabajen en eso en sus laboratorios. Firmado, Señora Cuyo Rostro Colgante Sigue Asustándola Mientras Lee *Perdida*.

Gracias, Cola de Recogida de la Escuela, por mostrarme los puntos débiles de las Madres Voluntarias de la Escuela. Es el único lugar donde las mismas mujeres con las que me veo obligada a formar pareja en las fiestas de la clase y en las excursiones escolares me hacen un corte de mangas y me cortan el paso. Esto no es en absoluto incómodo, y espero todas estas agresiones vehiculares a diario. Eres una delicia.

Gracias, Hermosas Hijas Preadolescentes y Adolescentes, fruto de mis entrañas, por mantener la realidad al recordarme a diario que, aunque lleve más de cuarenta años en este planeta, sigo teniendo mucho que aprender. Y ustedes dos son precisamente quienes me lo enseñan. Gracias por sobrellevarlo conmigo mientras intento entender la vida. Con amor, Vuestra Pobre Pequeña Mamá Tonta, Tonta.

Gracias, Máquina de Cinta para Correr, por ser la percha para ropa más cara del mundo.

Gracias, Persona que Mantiene una Conversación por su Teléfono Celular en el Baño Público Contiguo al Mío en Target, por el recordatorio de que ya nada es sagrado (o sanitario). No solo conozco ahora tus hábitos digestivos, sino que también sé que tu prima Lucy se casa con un perdedor al que la familia odia y tú «no estás dispuesta a pagar ciento veinte dólares por un vestido para una boda patética». Buena charla.

Gracias, Personas Que Preguntan Si Estoy Embarazada, aunque mi hijo más pequeño esté en tercer grado. Me mantienen compenetrada con las Escrituras en cuanto a domar mi lengua. Gracias por ayudarme a crecer en la Palabra.

Gracias, Matemáticas de Octavo Grado, por llevarme lo más cerca que he estado jamás de una camisa de fuerza. Tengo dos postgrados, pero gracias a las «nuevas matemáticas», mi hija de trece años piensa ahora que es más lista que yo. ¿Dónde está el vino? Sinceramente, Madre Que Evidentemente No Sabe Dividir.

Gracias, Pantalones de Yoga, ¡por dar la sensación de que acabo de hacer un poco de ejercicio! Que soy una persona sana y productiva, cuando en realidad lo que llevo cuando hago los recados es básicamente un pijama. Mi pelo sin lavar y el resto del maquillaje de ayer se añaden a la payasada, así que estoy segura de que la gente se pregunta por qué semejante reina del ejercicio todavía necesita perder diez kilos. Comoquiera que sea, PY, los amo. Son mi uniforme.

AMIGOS, VECINOS, EXTRAÑOS Y ENEMIGOS

CAPÍTULO 15

Club de cena

Cuando llevaba un año de casada, le serví a mi suegro jamón enlatado.

Claramente no siempre me ha gustado la comida y cocinar. De recién casada era una tragedia doméstica. Tras alimentar al padre de mi flamante marido con carne prensada, me gradué en salsa de tomate, pero de una marca reconocida, sobre espaguetis hervidos, mi cena favorita, incluida la sal de ajo salpicada sobre pan blanco (Dios me bendiga). Con regularidad compraba cajas de comida prefabricada a la cual solo le hace falta agregar la carne. Ponía palitos de pescado en pan de perritos calientes con *ketchup*. ¡Señoras y caballeros, servía vegetales enlatados!

Era un completo desastre. Entonces tuve bebés cada dos años, porque nadie me dijo que no lo hiciera, y querían comer todos los días. Pensé en aprender a cocinar, pero estaba demasiado ocupada manteniendo viva a gente pequeña. Esta mentalidad de superviviente infectó la cocina, así que elaborar comidas solo produjo resentimiento e irritación. Me espantaba a diario por tener que volver a preparar la cena. *¿Me preguntas qué hay para cenar? Bueno, supongo que amamantaré a este bebé y cambiaré todos estos pañales y lucharé para que esta casa no caiga en*

99

manos de la entropía y jugaré con los Legos por diezmillonésima vez y también prepararé una comida nutritiva para todos ¡CADA DÍA! ¡Eh, cariño, después que recoja la mesa y friegue los platos, y del maratón de bañar y meter en la cama a los niños, mantengamos relaciones sexuales significativas! Por favor, toquetéame más de lo habitual porque hoy no me han tocado lo suficiente.

Yo era una delicia.

Y he aquí literalmente cómo cambió. Un año, el primero de enero, me pregunté a mí misma: «¿Qué puedo hacer mejor este año? Tengo sitio para una diminuta autosuperación...». Y la respuesta fue cocinar. Como esta gente insistía en comer *todos los días*, yo necesitaba una solución que no incluyera cereales para cenar y un estofado de amargura creciente.

Accioné, pues, un interruptor. Empecé a ver Food Network y a leer libros de cocina. Me abrí una cuenta en allrecipes.com. Compré ingredientes exóticos y sofisticados como el ajo. Decidí que la hora de cocinar debía ser agradable: buena música sonando, un vaso de vino, buena compañía (los niños que se porten bien son bienvenidos, los que se pelean están prohibidos). Luego empecé a ocuparme del jardín y a ver documentales sobre alimentos, y a darle de lado a la gran industria alimentaria y, oh Dios mío, ahora tengo diez pollos. Esto se convirtió en toda una historia.

Sinceramente, decidí amar a los alimentos sin más.

Así que cuando mi amiga Jamie envió este correo electrónico hace cuatro años, fui toda oídos. Lo envió a tres chicas, y escribió: «Ustedes no se conocen, pero yo lo sé todo sobre ustedes. Haríamos un buen grupo de parejas. ¿Considerarían empezar un club de cenas (CC) juntas? Estoy completamente segura de que la química va a funcionar a tope y todas amamos los alimentos». ¿Por qué accederían ocho extraños a un compromiso mensual a ciegas?

No puedo creer que todas dijéramos que sí.

Estas eran las normas.

1. Una noche al mes, rotando la casa.
2. Nada de niños. (Como entre todas tenemos *dieciséis* niños, el CC empieza a las ocho de la noche y los niños de la anfitriona ya están acostados o sobornados con papitas fritas y películas. Los demás padres consiguen canguros, a menos que sean asombrosos como Melissa y yo que hacemos que los niños mayores sean quienes cuiden a los pequeños, en cuyo caso la supervisión real es un concepto increíblemente flojo).
3. Cuando tú eres la anfitriona, hazlo todo: planea, compra, cocina y limpia. Por tanto, tres de cada cuatro meses, solo tienes que acudir, beber vino, comer una comida fantástica, reír hasta llorar y dejar la cocina de tu amiga como una absoluta escena de crimen.
4. El tema de la comida es serio. Si no has empezado a planificar tu menú con una semana de adelanto, lo tienes crudo. No te atrevas a poner sopa de taco en la mesa.
5. Lo único que se puede llevar al CC es vino. Y más vale que lo hagas o que mueras en el intento.
6. El CC es en cualquier noche que nos venga bien, lo que significa que nos ha dado la una de la madrugada, un martes, y lo hemos pagado de una forma brutal. (Tras una de esas trasnochadas, lamentamos nuestro agotamiento en un mensaje de texto en grupo al día siguiente. Brandon escribió: «Esta mañana hicimos que los pequeños tomaran el desayuno en la escuela. Espero que la «tortita pinchada en un palo con jarabe de azúcar estuviera bien»).
7. Lo que ocurre en el CC se queda allí. Si no se consigue complacer, el resultado es la flagelación.

Cuando recuerdo nuestro primer club de cena, me divierte que tuviéramos que presentarnos, porque ahora sé todo lo que les ha ocurrido a estas personas desde el día en que nacieron.

Conozco su segundo nombre, lo sé todo sobre sus padres, cada matiz de sus hijos, su música, sus costumbres, sus sueños, sus momentos más incómodos, sus fracasos, sus secretos, sus preferencias (aunque Wolfgang Puck lo elaborara a partir de polvo molido de alas de hada, Brad no comería postre), sus futuros planes, su humor, todo.

Nuestras familias van de vacaciones juntas cada verano, porque aquello se convirtió en algo más que la cena, como suele pasar con las cosas buenas. Nos alegramos por los libros que cada uno ha publicado, por la puesta en circulación de CDs, por los nuevos bebés, las adopciones conseguidas, los nuevos podcasts, los nuevos empleos, los años sabáticos. Nos damos permiso unos a otros para soñar. Nos damos permiso unos a otros para descansar. Nos damos permiso unos a otros para afligirnos. Tenemos los mensajes de grupo más divertidos del planeta Tierra, y si alguna vez se hacen públicos, todos nos mudaremos a Perú.

Y en medio de todo esto, tenemos la comida, la mesa, el pan y el vino.

Cuando empecé a planear para el CC, pensé: *Son mis amigos preciosos. Quiero alimentarlos bien.* Nos reuniremos alrededor de un estofado de cordero, una crema de langosta, una pasta casera, o una ternera «à la bourguignon», serviremos un cabernet picante o un champán frío, y escarbaremos juntas en nuestras vidas. A veces el menú es étnico y exótico, otras veces es reconfortante y rico, pero siempre se prepara la mesa para la risa, los mejores tipos de conversaciones, las lágrimas si necesitamos dejarlas correr, y las historias incómodas si sentimos la necesidad de contarlas.

Algunas noches nos sentamos alrededor de la mesa con un tema para iniciar la conversación: ¿preferirías ser rico o famoso? ¿Cuál es tu punto alto y bajo de este año? Justin Bieber: ¿legal o no? ¿Qué clase de persona mayor quieres ser? ¿Cuál es tu peor recuerdo de vacaciones? ¿Phil Donahue o Sally Jessy Raphael?

Otras noches una persona toma la palabra porque hay mucho de lo que hablar, mucho que procesar. Algunos momentos son así. Los buenos amigos pueden debatir sobre el Bieb o sobre una adopción rechazada. La mesa puede con todo.

Para que no pienses que somos chefs sin descubrir, diré que los fallos culinarios siguen ocurriendo tras cuatro años de cocinar unos para otros. Los Hatmaker sirvieron en una ocasión filete de ciervo demasiado hecho que tenía la consistencia de una corteza, sin que el paladar pudiera recuperarse. Los Navarro sirvieron pasta Alfredo que nos tuvo veinticuatro horas en el baño y pusieron a Aaron al borde de la disentería. Hubo un incidente con judías verdes de lata que todavía está demasiado en carne viva para hablar de ello.

En otras ocasiones la comida se ha tambaleado por una buena razón. Como el día en que nosotros éramos los anfitriones y el padre de Melisa tuvo que ir al hospital, a una hora y media de camino. Ni siquiera lo pensamos: empaquetamos nuestras ollas y sartenes, los panecillos de huevo, los ingredientes del pad Thai, y cinco salsas diferentes en una docena de recipientes; compramos platos de papel por el camino, y los seis nos desplazamos en el auto hasta Temple y pusimos todo en la casa de su familia. Luego recogimos todos los platos sucios y nos los llevamos de regreso a Austin, cuatro horas más tarde. Es verdad que los panecillos de huevo habrían estado mejor sin el viaje, pero no nuestra amiga. La comida no es más que la presentación, la introducción, la configuración. Le aporta a la historia real algo a qué aferrarse.

Cuando evalúo nuestras recientes bendiciones, el club de cena es una de las principales. ¿Quién hubiera imaginado que las tortitas de maíz con manteca de jalapeño crearían semejante comunidad? Mientras nuestros sentidos estaban ocupados disfrutando de la comida, nuestro corazón se enamoraba antes de saber lo que estaba sucediendo. En algún momento entre la bruschetta fresca, la pizza y el mantecoso Chardonnay, pasamos de ser personas que aman la comida a ser personas que se aman unas a otras... el mejor tipo de alquimia.

Amada lectora, nada me haría más feliz que el que tuvieras tu propio CC. No subestimes su magia. No es solo comida; es tierra santa, espacio sagrado.

Incluso te ayudaré a tu iniciación. Esta comida es tan deliciosa que derramarás lágrimas. Requiere que piques un montón de cosas, pero estoy segura de que podemos pasar el cuchillo por algunas cebollas. El emplatado queda tan hermoso y sabe tan rico, que serás una estrella.

Delicioso Rico y Vistoso Pad Thai

Para 4–6 personas

Pongámonos manos a la obra.

En primer lugar, la salsa y los fideos: compro estos ingredientes online y me los traen a la puerta de mi casa, porque este es un buen momento para estar vivo en Estados Unidos.

3 cucharadas de azúcar de palma
2 cucharadas de concentrado de tamarindo
2 cucharadas de salsa de pescado
225 gramos de fideos de arroz

En una olla pequeña a fuego bajo, calentar el azúcar, el tamarindo y la salsa de pescado hasta disolver el azúcar. Apartar del fuego y reservar. Colocar los fideos de arroz en agua caliente en un bol y dejarlos remojar hasta ablandarse mientras picas los ingredientes.

(Quisiera añadir unas palabras. Primero, yo hago doble cantidad y congelo la salsa sobrante. Menos trabajo la próxima vez.

Segundo: *la salsa de pescado no huele bien mientras cuece y no quiero tener el mismo drama la próxima vez que haga este plato.* Sugiero que hagas esta salsa cuando tengas cerca a niños quisquillosos y sentenciosos. Protestarán, se quejarán y te preguntarán: «¿Pero qué nos estás dando de comer, oh Dios mío? ¿POR QUÉ NOS ODIAS?». No necesitas estas estupideces. Trabajas demasiado duro para esto).

Procede primero a picar todo lo necesario, porque el pad Thai es un trabajo rápido y estos ingredientes tienen que estar listos para ser usados. Pica, pica.

2 chalotes grandes picados

4 dientes de ajo picados

2 zanahorias cortadas en juliana

1 manojo de cilantro picado

3 cebolletas cortadas en tiras de 2,5 cm

4–5 rábanos cortados en tiras finas*

2–3 tazas de brotes de soja**

226 g de tofu extrafirme, cortado en tiras de 2,5 cm de largo y 0,5 cm de ancho***

* Me encantan los rábanos, pero si te sientes abrumada por ellos, sáltatelos. ¿Pero quieres mi opinión sincera? Los rábanos merecen más amor del que reciben. *Solo son rábanos.* Córtalos en tu mandolina y pregúntate por qué has tenido malos pensamientos hacia ellos. Son crujientes y deliciosos. La gente debería dejar de sentir esa animadversión por los rábanos.

** Los brotes de soja son difíciles de encontrar por culpa de los patógenos o alguna otra tontería. Si vas a un supermercado asiático, encontrarás bolsas enormes por unos cinco centavos. Los asiáticos no están dispuestos a dejar de vender los brotes de soja por culpa de las bacterias, por el amor de... Los estadounidenses son muy rebuscados con su comida. Tenemos que volver locos a los asiáticos. Y si no puedes encontrarlos, no los pongas, pero tu pad Thai perderá un poco y estarás dejando que gane el FDA [Administración de Alimentos y Medicamentos].

*** Bien. Yo no le echo tofu a mi pad Thai. Sencillamente no me gusta ¿vale? Ya soporté el drama de la salsa de pescado y no me apetece debatir sobre el tofu con esta gente.

Ten preparado:

300 g de camarones crudos, pelados y limpios, o pollo deshuesado picado en lascas muy delgadas

2 huevos ligeramente batidos

5 cucharadas de aceite vegetal

1/2 taza de cacahuetes tostados

Lima en mitades (para zumo y adorno)

Ten todo esto preparado, incluidos tus fideos de arroz ablandados y escurridos. Hazle una foto. Los montones se ven bonitos. Los rábanos son particularmente bellos. Alguien debería dar testimonio de tu proeza culinaria.

Toma un *wok* grande. Esto es importante. El pad Thai no puede hacerse en una sartén pequeña porque echará vapor y se apelmazará, y tú lo lamentarás el resto de tu vida. También necesitas dos espátulas de madera. No uses utensilios endebles para esta fiesta. Tus espátulas removerán y freirán todo esto de forma magistral.

Prepárate porque el pad Thai es un maratón rápido que, en mi opinión, es el mejor tipo de maratón... se acaba en unos minutos. ¡Dios mío! No somos olímpicos.

Calienta tres cucharadas de aceite en tu *wok* a fuego moderado. Tiene que estar muy caliente, chicas. Añade los fideos escurridos y muévelos hasta que queden impregnados del aceite y estén un poco más moldeables. Practica la perspectiva de las dos espátulas. ¡Mira qué bien se te da! Mete las espátulas por debajo, levanta y mueve. Todos los ingredientes tienen que tocar la sartén caliente en algún momento. Deja cocer un minuto aproximadamente.

Añade la salsa y remueve los fideos hasta que queden totalmente cubiertos de salsa. (En este punto yo le añado salsa chile también, pero tú que conoces a tu gente actúa en consecuencia). Tus dos espátulas se están ganando sus medallas. Deja cocer un minuto aproximadamente.

Empuja los fideos a un lado del *wok*, añade otras dos cucharadas de aceite al lado vacío. Saltea los chalotes, las zanahorias, el ajo, los rábanos, el tofu y las cebolletas. Remueve con las dos espátulas constantemente durante un minuto. Añade el pollo o los camarones a las verduras y remueve dos o tres minutos hasta que estén bien cocidas.

Ya casi has acabado. Eres una heroína.

Haz un hueco en el centro de la cacerola. Añade los huevos y remueve con la punta de la espátula. Un minuto más.

Ahora remueve bien todo el conjunto con tus espátulas. Aparta del fuego y añade los brotes de soja. Vierte el contenido del *wok* en una bandeja de servir. Rocía los brotes que quedan, el cilantro picado y los cacahuetes tostados. Exprime zumo fresco de lima sobre el plato.

Contémplalo. Es magnífico. Tú lo has hecho y es digno de un restaurante. Existe un ciento por ciento de probabilidades de que lo publiques en Instagram. Es tan bueno que no acabas de creértelo. Ahora ya lo has hecho una vez, y es mil veces más fácil de ahora en adelante. A tu gente le encantará. Sírvelo con palillos chinos y harán un desfile en tu honor. BRAVO, GUERRERA COCINERA.

CAPÍTULO 16

Porches como altares

Si no creciste en una subcultura cristiana, esto no tendrá sentido alguno para ti. Pero para aquellas de ustedes que sí se criaron así, ¿recuerdan el Culto del Domingo por la Noche?

Mira. Cualquiera podría gestionar un Culto del Domingo por la Mañana, pero el CDN era para los recalcitrantes. Tras apenas echar una siesta por la tarde, los bautistas de pura cepa como nosotros regresábamos a la iglesia a las seis. Chica, ni siquiera jugábamos.

El CDN era el marco para un programa menos rígido, después de haberle prometido lealtad al coro, al solista estilo Sandi Patty y al pastor titular de la mañana. El CDN era el espacio para los evangelistas itinerantes, los testimonios de misioneros, la Noche de Presentación de Informes del Campamento de Jóvenes, y la actividad favorita de mi padre: los cuartetos. (Hasta el día de hoy puedo hacer la segunda voz de un conjunto de góspel en un compás). Era otra cosa totalmente distinta cuando el pastor vestía sus pantalones de color caqui y *sin corbata*. Con esas libertades que habíamos tomado, éramos un arrebato emocional, pero sin aplausos.

Pero te voy a decir por qué me encantaba el CDN. Como tal vez supongas, no eran los predicadores invitados ni los conciertos con campanillas. De hecho, no tenía nada que ver con la programación. Era sencillamente esto: mi grupo de jóvenes salía cada domingo por la noche después del culto. Les rogábamos a nuestros padres que nos dieran cinco dólares y contribuíamos con uno para la gasolina del coche de la persona dispuesta a llevarnos (historia verídica) y toda una manada de jóvenes evangélicos quedaba suelta en la desprevenida ciudad de Wichita, Kansas. Íbamos a una pizzería, a jugar voleibol sobre arena, a nadar, lo que fuera.

Aquellas noches encierran algunos de mis recuerdos favoritos.

Ni siquiera sé si siguen existiendo los Cultos del Domingo por la Noche, pero nosotros hemos llevado adelante la tradición. Nuestra pequeña iglesia hippie no tiene culto de noche, pero Brandon y yo y nuestras dos parejas más amigas nos reunimos cada fin de semana para un CDN en uno de nuestros porches. Una vez digerido el gran almuerzo y después de haber hecho la siesta, con los niños ya acostados, *es el momento*.

Después de pensar en los detalles nos reunimos en el patio de alguien con vino, queso y restos de postre, y *tenemos un poco de iglesia*. Hemos resuelto todos los problemas terrenales o los hemos debatido realmente bien. Por lo general, el CDN es para reír, puro disparate, ver vídeos divertidos en YouTube como si fuéramos un puñado de jóvenes. En ocasiones, uno de nosotros está agobiado y los demás nos dedicamos a escuchar. De vez en cuando nos metemos en teología, ya que todos nos hemos desarrollado de maneras sorprendentes en estos últimos años y nos gusta probar nuestras ideas los unos con los otros. O vemos fútbol y prometemos romper con los Cowboys.

El mismo hilo conector permanece hoy, veintitantos años después de la época de mi grupo de jóvenes: si Jesús es el corazón de la iglesia, las personas son la sangre vital. Él creó la comunidad por una razón y nos dijo que practicáramos la gracia y el amor y la camaradería y la presencia. Las personas suavizan los bordes y llenan los huecos. Los amigos forman algunas de las mejores partes de toda la historia.

Vivimos en un tiempo extraño, sin precedentes, en que las relaciones cara a cara se están volviendo opcionales. Esta nueva conectividad vía online es complicada, porque puede convertirse en algo lleno de sentido y verdadero; ha dado paso a amistades reales que atesoro. Sin embargo, también puede robarte este tipo de amigos de porche, los que de verdad te conocen, que hablan de la vida real mientras comen nachos. La vida online no es un sustituto de la presencia práctica y física, y nunca remplazará a alguien que te mira a los ojos, que camina descalza por tu cocina, te hace una prueba a ciegas sobre varios tipos de aceitunas y que entra por tu puerta principal sin llamar.

Conozco a mujeres de todo el país; miro a tantas a los ojos y veo soledad. Las personas ansían lo que siempre han anhelado: ser conocidas y amadas, pertenecer a algún sitio. La comunidad es una necesidad humana básica. Nos ayuda a sobrellevar casi cualquier tormenta. Si las órdenes de marcha elementales de Jesús fueron 1) amar a Dios y 2) amar a las personas, el fruto de esa obediencia incluye ser amada por Dios y por las personas. Es algo en lo que damos y recibimos. Según Jesús, el amor de Dios y de las personas es la sustancia de la vida.

¿No es así? Nada puede ocurrir —ninguna tragedia o sufrimiento— que no podamos superar a través del amor de Dios y las personas. Es un territorio santo: una amiga leal al otro lado de la línea, una compañera en tu puerta con una cacerola de pollo, porque a veces es lo único que se puede hacer. Cuando me dices: «Te acompañaré en esto», puedo resistir. Con la fuerza de Dios y la tuya tengo bastante. No se nos ha prometido una vida libre de dolor, pero sí se nos han dado las herramientas para sobrevivir: Dios y las personas.

Es suficiente.

Ciertamente, la iglesia intenta fomentar la comunidad, Dios la bendiga. Al menos sabemos lo esencial que es. Así que organizamos grupos de vida (ver también: grupos de restauración, grupos de comunidad, grupos en el hogar, grupos de células, grupos de jóvenes, grupos de mujeres, o —empezando por ella, como mis bautistas— la escuela dominical). Intentamos proveer una estructura a la que pertenezcan los amigos, darnos a conocer. A veces funciona como la magia y otras *no* tanto. Puedes conducir a un caballo hasta el agua, pero en ocasiones el animal es torpe y extraño, ¿sabes? He tenido pequeños grupos que han creado amistades para toda la vida y otros en los que una se sentía un poquito como en una tortura sostenida.

Imagino que prefiero algo un poco más orgánico, que se ciña menos a un programa. En lugar de esperar a que la iglesia reúna un grupo perfecto y dinámico de Personas Que Pueden Juntarse los Martes, tal vez solo invitar a algunos a casa. Una mesa compartida es la expresión suprema de la hospitalidad en todas las culturas de la tierra. Cuando tu gastada mesa de la cocina es anfitriona de buena gente y buena conversación, cuando proporciona un lugar seguro para partir el pan y compartir el vino, tu casa se convierte en un santuario tan santo como una catedral. Yo he dejado la mesa de una amiga tan santificada y renovada como cualquier culto de la iglesia. Si tienes un porche, tienes un altar en torno al cual reunirse.

Don Miller describió un poderoso propósito en el que no puedo dejar de pensar. Él y su esposa, Betsy, decidieron que su casa era sagrada, y su ambición consistía en ayudar a restaurar lo que el mundo le hubiera robado ese día a cada visitante. ¿No es el pensamiento más hermoso que hayas oído jamás? Llenan su hogar de amigos, viajeros, vecinos y camaradas que firman la parte inferior de su mesa al marcharse, espero que refrescados y restaurados de alguna forma por pequeña que sea. Esto no requiere una licencia de terapia ni un título culinario. ¡Rayos! A veces solo significa hacer bocadillos de albóndigas y saber escuchar. ¡Qué evaluación tan intensa del poder de la mesa! ¡Cuán profundamente santa! Me gusta tanto que pinté la palabra

«RESTAURAR» a la entrada, una pancarta sobre cada alma preciosa que entre y salga de nuestro hogar.

La soledad puede ser una prisión, pero tenemos las llaves. No es necesario que esperes a que alguien abra las rejas. Si puedes hacer una olla de chile y usar un teléfono móvil, puedes crear comunidad. Si quieres esperar hasta que tu casa esté perfecta y no te sientas nerviosa, entonces olvídalo. Este es un sistema imperfecto, ¡gracias a Dios! Requiere personas de rostro verdadero que se vean valientes. No hay alternativa para la conexión genuina. Lo siento. La comunidad tiene que empezar por alguna parte, y esta debe ser sincera. De no ser así, construyes una endeble casa de naipes. Sométete al análisis de riesgo y decide si la seguridad vale la pena la prisión de la soledad. Sugiero que no.

¡Chicas, tenemos las llaves! Tienen el aspecto de mesas y sofás, de estofado de buey y crujiente pan francés. Incluyen sillas de patio y música, un partido de fútbol en televisión y cerveza fría. Implican una sencilla invitación por correo electrónico para el viernes por la noche y hamburguesas en el grill. Dicen: «Trae a tus hijos y los encerraremos a todos en el patio trasero con unos polos». Las llaves incluyen buenas preguntas y escuchar atentamente alrededor de una hoguera; sin lugar a duda contienen historias y risas. No requieren alboroto ni menudencias, así que no dejes que nada te detenga, porque una cocina desordenada solo me dice que alguien se preocupa lo bastante como para alimentarme, y esto es una buena llave.

En lugar de esperar a que haya una comunidad, proporciónala y acabarás teniéndola de todos modos.

Tal vez podrías empezar a mirar a tu alrededor. No lo compliquemos exageradamente. ¿Quién vive cerca? ¿Quién es nuevo en la ciudad? ¿Quién parece interesante, divertido, listo o bobo? ¿Quién está en tu misma etapa de vida? ¿A quién le vendría bien un bol de sopa caliente y pan de maíz? ¿Quién está solo? Si eres supernerviosa, invita a dos amigas o a dos parejas como amortiguadores para evitar las incómodas granadas potenciales. Podrías disfrutar de una química perfecta y pensar en una segunda cita, pero si no es así, todavía puedes proveer un lugar seguro y cálido para acoger a alguien. Esto es una buena obra.

A veces estas cosas empiezan siendo un tanto rígidas, así que ten paciencia. Mi mejor consejo es que aparezcas y seas sincera. Sé la clase de amiga que tú esperas tener. Confía en mí, nadie quiere una amiga perfecta que no pueda ofrecer un minuto de transparencia. Eso lo conseguimos en Pinterest. Nuestra alma añora gente de verdad, en casas de verdad, con hijos de verdad y vidas de verdad. Podemos crear identidades online con imágenes bien elegidas e información selectiva, pero esto nos deja hambrientos de algo verdadero. Solo busco amigos que sangren, suden, rían y lloren. No le temas a tu humanidad; es lo mejor que tienes para ofrecer.

Empieza, pues, tu propio CDN. Improvísalo con quienquiera que te apetezca. Tal vez no empezará hasta las ocho y media de la noche, como el nuestro, por culpa de tantos niños. Tal vez puedas crear un CMN o un CJN, o una cita para un desayuno de pie los jueves para tener «una mesa» con regularidad. Cualquier cosa que sea lo opuesto a la elegancia, es exactamente lo que tiene que ser (el noventa por ciento de nuestras reuniones del CDN son en pantalones de pijama). Esto requiere tu mayor comodidad: tiempo. Así que proporciónalo. Crea un margen para ello si es necesario. Recuerda la teología: el amor de Dios y el de las personas es toda la sustancia de la vida. Nada es más importante. Es un trabajo sagrado y cuenta mucho.

Cuando mi mundo online se descarrila y toda la conversación en internet es demasiada, y me siento sola y aislada, nada me hace sentir mejor que sentarme en un porche con viejos amigos escuchando música country de Texas en los altavoces, la vida de verdad que vuelve a tomar el lugar al que tiene derecho.

De modo que esta es mi invitación para que establezcas tu propio CDN... los evangelistas itinerantes son opcionales, aunque recomiendo de todo corazón las campanillas.

CAPÍTULO 17

Poco convencional

Gente, tengo problemas y es hora de airearlos. Me siento acosada por algunas idiosincrasias, ciertas rarezas si quieres llamarlas así. Manifiesto ciertas conductas que hacen que la gente diga: «¿De veras? Contrólate». Me atrevo a creer que a ti también te ocurre, y te ruego que me escribas sobre ello, porque nada alimenta más nuestras excentricidades que el que otro ser humano te comente: «¿Te parece que eso es raro? Yo he venido guardando los recortes de la uña de mi dedo gordo del pie desde 1991». Ah, bueno; entonces está bien.

1. Regulación corporal de los niños

No soy en absoluto una mamá que anda merodeando. Mis hijos se deslizan por las barandillas, construyen rampas para la patineta y se disparan unos a otros con armas neumáticas. Yo ejerzo mi papel de madre diciendo: «Si salen heridos no lloren. O lloren en su cuarto donde yo no los pueda oír».

Sin embargo, dos cuestiones me califican para la Madre Más Neurótica: el sueño y la temperatura corporal de mis hijos.

Desde el día en que nacieron he sido una nazi del sueño. Cuento las horas. Observo el reloj. Cuando alguien con credenciales dice: «Los niños necesitan diez horas de sueño. Créeme...», yo lo hice. *Lo creí.* El objetivo de mi vida para ellos es que duerman doce horas cada noche. Pierdo la compostura cuando la hora límite de acostarse se sobrepasa: «¡Santo cielo! Son las diez y trece de la noche y Caleb sigue levantado. Tal vez lo deje quedarse en casa mañana, porque no puede funcionar cuando está agotado». Soy una fanática de una buena noche de sueño. Muy rara.

También tengo una fijación sumamente extraña con respecto a su temperatura corporal. ¿Tienes calor? ¿Tienes frío? ¿Sientes escalofríos? ¿Llevas demasiada ropa? ¿Necesitas un abrigo? ¿Dónde está tu abrigo? Dame tu abrigo. ¿Tienes calor? Quítate la camiseta interior. ¿Quieres agua? ¿Estás sediento? ¿Has bebido agua? ¿Necesitas sentarte a la sombra? ¿Quieres sentarte al sol? ¿Tienes suficientes mantas? ¿Pesa mucho esta manta? Si tienes calor, retira esta manta. Si tienes frío, aquí tienes otra manta. ¿Tienes las manos frías? ¿Tienes los pies calientes? Necesitas un gorro. Ponte este. No puedes salir si no te pones este gorro. Quítate el gorro; hace demasiado calor afuera.

Después de preguntar veintiocho veces por la temperatura de Ben durante su partido de fútbol, mi amiga Tonya estaba que no podía más: «¡Dios mío Jen! ¡Estás loca! ¡Déjalo en paz! ¡Me estás sacando de quicio!». Es compulsivo. Tenemos dieciocho botellas de agua reutilizables; las acabo de contar. Me preocupo durante todo el mes de agosto, cuando los equipos de fútbol americano juveniles empiezan a acondicionar sus hombreras. ¡Es tan estresante!

Otros asuntos me importan un comino, por ejemplo, la seguridad o la ingesta de venenos. Mis hijos podrían saltar desde la ventana de una segunda planta sobre un colchón para probar la viabilidad de las capas resistentes al viento, y solo me preocuparía si tuvieran demasiado calor o si la hora de irse a la cama estuviera demasiado cerca.

2. Inmadurez musical

Durante casi toda mi vida de adulta he vivido en Austin: La Capital Mundial de la Música en Vivo. Estamos repletos de importantes músicos y cantautores independientes. De hecho, entre nuestro círculo inmediato de amigos tenemos productores y artistas reales. Puedo escuchar música interesante y creativa cualquier noche de la semana en dos docenas de lugares. Austin es anfitriona de ACL y SXSW, dos de los mejores festivales de música del país. El gusto musical importa aquí y se evalúa como un potencial defecto de carácter.

Me encantan los Cuarenta Temas Principales.

Me gusta, me encanta. Cuanto más absurda y de ritmo alegre, si hay alta probabilidad de que una niña de doce años tenga un poster del grupo, más alta está la canción en mi Lista de Favoritas. Si el conjunto aparece en *Tiger Beat*, me vengo abajo. Todas las canciones que me gustan acaban en un CD de Bop Infantil. Mis preferencias musicales no son en absoluto sofisticadas. Mis amigos disfrutan con grupos llamados My Morning Jacket y Fleet Foxes, y debaten sobre escribir canciones y la brillantez creativa. ¿Sabes qué me encanta a mí? Un chico de dieciséis años que versiona una canción de Bruno Mars en *American Idol*.

Sí, apago la mayoría de las de contenido obsceno, y ni siquiera puedo escuchar a Ke$ha. ¿Pero y Flo Rida? Se apodera de mis oídos. Olvídate de mí mientras bailo y canto a voz en grito. Lo que sea. *I don't even care. Make me throw my hands in the a-yer, a-yer, a, a, a-yer!* [1]

3. Contaminación acústica

Esto es lamentable, porque he traído cinco hijos a esta familia, pero tengo un problema con el sonido. Lo llamo Contaminación Acústica, y me convierte un poco en una persona loca. La música blanca de fondo hace que me desmadre como una lunática. Mi familia ha estado saliendo adelante —ocupándose de sus cosas, viviendo una vida normal— cuando de repente, sin previo aviso que indicara un inminente colapso, yo llego volando y aterrizo en medio de ellos como la Bruja Mala, arrancándoles de las manos los mandos de control remoto y apagando todo lo electrónico y sus pitidos, chasquidos, tarareos, zumbidos y los bailes robóticos que me sacan de mis casillas y me hacen gritarles a todos con mirada de loca. Por lo general, seis personas desconcertadas me miran boquiabiertas ya que parece que el castigo no concuerda con el crimen.

Excepto que *sí* era proporcional.

Atrapada en el auto, el sonido ha hecho que de verdad considere meterme agujas de tejer en los tímpanos. Una vez, en un largo viaje a solas con los niños, el incesante ruido me causó tal desesperación que me hice a un lado en la carretera I-35, encerré a mis hijos en el auto, me alejé unos seis metros caminando y me senté en la hierba lloriqueando, mientras mis hijos apretaban el rostro contra las ventanillas gritando: «¡Mami! ¡Mami! ¿Qué estás haciendo, mami?».

No puedo escribir una palabra, ni una sola, con un decibelio de sonido en la habitación. Necesito una casa sepulcralmente silenciosa para producir una frase de diez palabras, así que cuando alguien que vive aquí (que no va a la escuela y a veces está en casa durante el día) en el espacio silencioso no para de preguntarme: *¿Cómo se escribe «en lugar de»?* y *¿Anotaste aquella cosa en nuestro iCalendario?*, o *Estoy pensando en hacerme otro tatuaje*, yo podría experimentar una crisis nerviosa y amenazar con mudarme a un apartamento. (Este escenario es hipotético). (No, no lo es).

4. Aversión por las bromas

Me encanta el humor. Me encanta reír. Me encantan las películas divertidas y estúpidas. Me encanta la gente divertida. Me encanta el sarcasmo y la chanza. Me encantan los dichos ingeniosos. Me encanta la comedia. Soy una conversa de Melissa McCarthy y su leal discípula hasta la muerte. Creo que la risa es la mejor medicina, y que si ríes el mundo ríe contigo, o algo por el estilo.

Pero no soporto las bromas. *No – las – soporto.*

¿Recuerdas *The Tom Green Show, Punk'd* y *The Jamie Kennedy Experiment*? Estos programas casi me hacen entrar en coma. Cuando se ve a un puñado de personas y una de ellas no sabe nada, y se la pone en una situación embarazosa/horripilante/incómoda/ confusa/angustiosa, empiezo a orar para que suceda el arrebatamiento. Mi angustia atraviesa directamente el techo.

Durante la adopción de Ben tuvimos retrasos masivos, y mi amiga Missy publicó un vídeo divertido en mi muro de Facebook cada día, hasta que pasamos por el tribunal. Su ministerio en YouTube nos proporcionó muchas joyas, como vídeos de personas cayéndose. (¿Por qué resulta tan divertido todas las veces?) Pero también subió algunos vídeos de bromas, y estos no produjeron respuesta alguna en mí. Finalmente, ella me dijo: «¿Qué ocurre, Sra. Desagradecida? ¡Ese vídeo era ORO y ni siquiera has hecho un comentario!». Yo le respondí: «No puedo hacerlo, ¿ESTÁ BIÉN?». *Y con voz queda*... «Ni siquiera pude verlo». Sus palabras fueron: «Eres más rara que un piojo verde».

Observa que si me invitas a una broma, lo más probable es que grite prematuramente: «¡No es verdad! ¡En realidad no está herida! ¡Ni siquiera es tu coche! ¡El camarero es un actor! ¡*Sí* has conseguido el empleo!».

Estropearé la broma. Puedes contar con ello. Y si me haces una a mí, estás muerta para mí.

5. Una tristeza tan dulce

También odio las despedidas. Y no solo las de tipo legítimo, como cuando alguien se muda a Boston o se va a su casa después de una visita. Siento aversión por todas ellas. Me deslizo y salgo de las fiestas como un ninja, por no hacer una gran escena de despedida. Si mi bolso está en la línea de visión de la anfitriona y Brandon no permite mis hábitos de salida disfuncional yendo por él, lo dejo atrás y lo recojo de su porche al día siguiente. He recibido incontables textos como este:

¿Oye, adónde te fuiste?

¿Te marchaste?

¿Qué te ocurrió?

¿Te secuestró alguien? ¿Estás en el maletero de un auto?

Aunque esté segura al ciento por ciento de que es la última vez que te voy a ver —tus bolsos están empaquetados en tu auto que ya está en marcha, todos tus hijos tienen el cinturón de seguridad abrochado, tu marido está haciendo un gesto de poner punto y final, y la furgoneta ya se esté moviendo para llevarlos a su nueva vida en Atlanta— yo diré: «Hablemos más tarde. Los veré antes de que se vayan». Estas serán mis palabras. Encontraré la forma de no tener el momento del adiós, aunque sea clara y evidentemente el momento de la despedida.

Hace poco descubrí que algunas de mis «rarezas» son en realidad propensiones introvertidas. ¡No tenía ni idea! Cuando leí el libro de Susan Cain *El poder de los introvertidos en un mundo incapaz de callarse*, me sentí diagnosticada por primera vez en mi vida. Experimentar una sobrecarga sensorial y una aversión a la multitud (un dilema para una oradora pública), tener tendencias hogareñas, ser reacia a las pequeñas tareas, sentir angustia social, realizar multitareas de forma mediocre y tener una conciencia hiperactiva... todas estas son marcas de la persona introvertida y toda la lista completa guarda relación conmigo.

Hace dos años, confesé en la red esconderme en el baño como alguien raro (una vez más) antes de hablar en una conferencia, y alguien preguntó si yo era introvertida. Por supuesto que no, respondí. ¡Me encantan las personas! ¡Hablo ante multitudes! ¡Tengo una gran personalidad! ¡No soy tímida! Me está ocurriendo algo, eso es todo. Un lector puso *El poder de los introvertidos* en mis manos y fue como mirarme en un espejo. Cada tendencia quedó aclarada. Nunca había leído la investigación. Fue enormemente liberador, porque dejé de intentar vencer mi personalidad. La fea conversación conmigo misma se detuvo y me di permiso a mí misma para la tranquilidad, el silencio y la intimidad. Finalmente reconocí mis limitaciones sociales y decidí que no había vergüenza alguna en proteger mi energía, ya que sencillamente tengo un umbral más bajo. (Mi amiga Sarah es una extrovertida clásica y se levanta de un salto de la cama cada día pensando: *¿Estarán ya todos despiertos? ¿Se habrán ido a tomar un desayuno-almuerzo sin mí? ¿Me habré perdido alguna conversación? ¿Quién más puede unirse a nosotros?* Dios la bendiga).

Soy una introvertida de alto funcionamiento, y constantemente la gente no cree mi diagnóstico. Su Señoría, llamo como testigo a la oradora de la conferencia que está encaramada en el váter de un baño. Que los registros muestren que ella funciona mejor sobre el escenario que en el vestíbulo. Puedo sumergirme a gran profundidad con alguien en un porche durante horas, pero entrar a una fiesta de extraños es un destino peor que la muerte. (Retengo el olfato de los extrovertidos para la exageración).

Curiosamente, me casé con un extrovertido. Brandon es un procesador verbal que encuentra su opinión comentándola, y extrae energía de casi todos los entornos sociales. Tiene una gran cantidad de palabras y un alto umbral para la actividad. Cuando leí el capítulo de *El poder de los introvertidos* sobre la resolución de un conflicto entre los introvertidos y los extrovertidos, pensé que Susan Cain nos había espiado. Fue impresionante ver la forma de manejar el conflicto desde campos opuestos que sigue el libro al pie de la letra. Describe a una pareja retórica, «Greg y Emily», y un escenario típico entre ellos:

> Cuando ella y Greg están en desacuerdo, la voz de ella se vuelve tranquila y sin contrastes, su conducta ligeramente distante. Lo que está intentando es minimizar la agresión —Emily se siente incómoda con el enojo— pero *parece* retroceder emocionalmente. Mientras tanto, Greg hace justo lo contrario, levanta la voz y suena beligerante al empeñarse más que nunca en solucionar su problema. Cuanto más parece retirarse Emily, más solo, luego dolido y después enrabiado se torna Greg; cuanto más él se enfada, más herida y disgustada se siente Emily, y más profundamente se retrae. Muy pronto se ven atrapados en un ciclo destructivo del que no pueden escapar, en parte porque ambos cónyuges creen que están discutiendo de una forma adecuada.[2]

Chicas, así somos Brandon y yo *exactamente*, y este ha sido nuestro dilema durante veinte años. Ese único párrafo fue como un jarro de agua fría en un día caluroso. Creí absolutamente que algo iba terriblemente mal con Brandon cuando tenía un conflicto, y él llegó a la misma conclusión sobre mí. Esta explicación en *El poder de los introvertidos* (además de las diez páginas siguientes que resalté por completo) no cambió nuestros temperamentos, sino que fomentó el entendimiento y nos ayudó a encontrarnos más en el centro. El enojo me apaga, y esta conducta cerrada lo enfada a él; así que ahora intenta bajarse de las vigas y procura tener los pies en el suelo. Todavía tenemos un índice del cincuenta por ciento de fracaso, pero al menos las discusiones tienen más sentido.

El matrimonio es muy fácil.

Somos padres de tres extrovertidos, un introvertido y un «ambivertido» que no puede decidirse por escoger un camino. Entender sus personalidades es increíblemente útil como padres. Hemos aprendido a buscar resoluciones a medida para los conflictos, los niveles de actividad y la interacción personal de cada niño. Conectar con mi introvertido es demasiado fácil: «Acostémonos sobre la hierba y leamos todo el día». «¡Síííí!», pero a veces tengo que luchar para ejercer de madre con mis extrovertidos, porque su constante interacción y movimientos abarcan demasiado. Nos recargamos de manera distinta, ellos necesitan más de todo y yo preciso menos de todo. Esta brecha de personalidad puede ser muy destructiva, porque siento que *no soy suficiente* y hago que mis hijos se sientan *demasiado*. Cuando me bloqueo por la FNN (Fatiga del Niño Necesitado), todos perdemos.

Aprendí a acceder a mi pueblo y esto marcó una enorme diferencia. Hice que muchas madres y que mis hijos también lo hicieran. Buenos amigos invitan a mis extrovertidos a desempeñar actividades de alta energía y a parques temáticos. (Líbrame, Señor). Proporcionan una interacción amorosa y nuevas conversaciones de desahogos. Las tías y las abuelas de mis hijos organizan fiestas de pijamas y tiempo individual de calidad, prestando oídos frescos e interesados a todas las palabras y los sentimientos. Esto tiene el efecto dual de llenar los tanques de mis hijos para que yo pueda hacer lo propio con el mío.

También aprendí, como en la resolución de los conflictos, a encontrarnos en algún lugar intermedio. Ninguna madre debería atender a un niño extrovertido veinticuatro horas al día, los siete días de la semana; pero ningún niño debería sentirse como una carga. La paz vive en algún punto intermedio. Los buscadores sensoriales pueden aprender moderación, y la mamá sobreestimulada puede profundizar más. Esto es bueno para todos y disipa la nube de la frustración. Mis extrovertidos ya tienen bastante con la actividad manejable; aquí no se trata de mucho o de muy poco. El punto medio es suficiente. Esto también ayudó a explicarles mi lado introvertido a los niños. Aunque mis hijos torbellinos no comparten mis necesidades de leer sin hablar, como en cualquier otra cosa, pueden respetar mejor lo que comprenden. Es bueno decir: *No es para nada algo que haces mal. Solo es la forma en que mamá vuelve a cargar sus pilas.* Esto aminora la vergüenza que acosa a los hijos y los padres que son distintos.

¡Hay esperanza para las familias llenas de introvertidos y extrovertidos! Podemos amarnos los unos a los otros y amoldarnos de formas saludables para practicar la empatía cada uno de los días. Acabaré animando a la investigación de la psicóloga de desarrollo Avril Thorne, como la exploró Susan Cain en *El poder de los introvertidos*:

> La parte más interesante del experimento de Thorne fue cuánto se apreciaban los dos tipos. Los introvertidos que hablaron con los extrovertidos escogieron temas alegres, informaron que la conversación resultaba más fácil y describieron el conversar con extrovertidos como un «soplo de aire fresco». Por el contrario, los extrovertidos sintieron que podían relajarse más con sus parejas introvertidas y que eran más libres a la hora de confiar sus problemas. No sintieron presión alguna por ser falsamente optimistas... Los extrovertidos necesitaron saber que los introvertidos —que a menudo parecían desdeñar lo superficial— podían sentirse más que felices por verse tirados en un lugar más alegre; y los introvertidos, quienes en ocasiones sienten como si su propensión a las conversaciones problemáticas los arrastrara, deberían saber que hacen que los otros se sientan más seguros cuando se ponen serios.[3]

Maravilloso... pero no esperen que empiece a decir adiós.

CAPÍTULO 18

Personas difíciles

Nota de la escritora: este ensayo debate el trato con la persona media, común y corriente y altamente demandante. No es adecuado para las relaciones de maltrato o violentas. Si te encuentras en una relación de este tipo, te ruego que busques asesoramiento e intervención.

Bono para las personas que se están haciendo mayores: disfruten del Campo de Fuerza Sin Drama que he erigido enérgicamente. Una vez toleré la basura melodramática y altamente demandante, pero he sacrificado bastante esas relaciones. Principalmente, porque no tengo trece años y no estoy en la escuela intermedia. Ya es bastante dramático entrar en mis vaqueros todas las mañanas; nadie tiene tiempo para tonterías. He tenido amigas que florecían con el conflicto y el drama incesante y —¿cómo decirlo de una forma agradable?— lo he superado por completo.

Que quede claro que todo ser humano tiene algún drama. Todos tenemos nuestro turno en la Silla del Loco. Si respiras aire, tienes derecho a la crisis, al lamentable despotrique en público, al momento de ensimismamiento obsesivo o tiempo en la cuneta.

(El año pasado, entre la presentación de un libro, un estreno y dos viajes consecutivos a África, mi mejor amiga me dijo: «Jen, no puedo escuchar ni una palabra más sobre tu nivel de estrés. Si dices una palabra más, te daré una bofetada». Y yo solo pude decir: «¡ES QUE TENGO TANTOS SENTIMIENTOS AHORA MISMO!». El melodrama tiene fecha de caducidad, gente).

Este debate presenta dos categorías de personas: la primera implica a personas altamente demandantes que prosperan en el conflicto y la atención. Esta conducta va más allá de un tiempo; es compulsiva. Si no hay discordia que lamentar (también conocido como *vida*), ellas crean alguna. Por lo general son relaciones unilaterales en las que la persona posee todos los problemas, cuestiones y pérdidas, y tú rara vez —por no decir ninguna— recibes un interés recíproco. Todo gira en torno a ella, todo es drama, todo el tiempo.

O tal vez sea una relación que tiene un lado más oscuro. Alguien te somete constantemente a la vergüenza o la culpa, si no abiertamente entonces de una manera pasivo-agresiva. Tal vez alguien es sencillamente peligroso; no le puedes confiar tu historia, tu intimidad ni tu sinceridad. Cuando el «tiempo de amistad» se siente sistemáticamente como una paliza, es tiempo de volverlo a evaluar. No es complicado: un amigo debería comportarse como un amigo, no como un crítico, un cínico, una madre, un escéptico o un detractor. Hay bastante de estos; no hace falta invitarlos a casa y darles un almuerzo.

Lo que separa a este grupo del siguiente es una palabra: *opcional*. No tenemos obligación alguna de soportar o posibilitar ciertas relaciones tóxicas. La ética cristiana enturbia esas aguas, porque le atribuimos el concepto de «longanimidad» a estas conexiones perjudiciales. Priorizamos la proximidad sobre la salud, descuidando los buenos límites y adoptando el papel de Salvador para el cual todos estamos mal equipados. «¿Quién más tratará con ella?», decimos. Mientras tanto, ninguna de las dos se mueve hacia el crecimiento espiritual. Ella sigue patrones tóxicos y tú entras en la espiral de la frustración, el resentimiento y la fatiga.

Acércate, amada, y escucha: no eres responsable de la salud espiritual de nadie a tu alrededor, ni tampoco debes soportar la conducta recalcitrante de otros. No es bueno ni amable permitirlo. No le hacemos favores a un amigo enfermizo soportando silenciosamente para siempre. Observar a alguien que crea caos sin responsabilidad no es noble. No responderás por los hábitos destructivos de una persona peligrosa. Tienes una cantidad de tiempo y energía limitada y tienes que administrarla bien.

Hay tiempo para aguantar hasta el final y un tiempo para marcharse.

Hay un punto de inflexión cuando el esfuerzo se vuelve inútil, agotador más allá de toda medida. No puedes verter el antídoto en el veneno para siempre y esperar que se transforme en algo seguro, sano. En algunos casos, el veneno es veneno y la única respuesta cuerda es dejar de beberlo. Esto requiere una autoevaluación sincera, sabios asesores, el estrecho liderazgo del Espíritu Santo y una valoración sobria de la realidad. Pregunta: ¿vale la pena el esfuerzo? Algunas veces sí. Podrías descubrir señales de posibilidad a través de los esfuerzos, o tal vez quede trabajo necesario por hacer, y es demasiado pronto para valorarlo.

Sin embargo, cuando una cantidad infinita de sangre, sudor y lágrimas deja la relación enfermiza —cuando casi no hay redención, cuando las banderas rojas han ondeado frenéticas durante demasiado tiempo— a veces la respuesta más saludable es marcharse.

Evaluar una relación como digna de la dura tarea es una habilidad perdida. Nuestra cultura no valora los límites seguros como debería. Criticamos a los que abandonaron, los que se echaron atrás, los que hicieron una raya en la arena, los que dijeron: «Ya no más». Con frecuencia pensamos que deberíamos haberlo intentado más, habernos quedado más tiempo. Imaginamos que esto indica una lealtad endeble. Con toda seguridad lo habríamos hecho mejor en su lugar.

Pero cuando nos vemos encerradas en una relación o comunidad tóxica, la contaminación espiritual puede matar todo lo tierno y lo que se haya parecido a Cristo en nosotros; y un mundo que observa no siempre es testigo de esos disparos mortales. Las relaciones enfermizas pueden destruir nuestro optimismo, esperanza y delicadeza. Podemos perder nuestro corazón y nuestro camino mientras derramamos una energía ilimitada en un abismo que no tiene fondo. Hay un tiempo para poner la redención en las manos de Dios y apartarnos antes de destruir nuestro espíritu con una diligencia fútil. En ocasiones, lo más valiente es dejar de luchar por algo que nunca producirá un ganador.

La relación más venenosa que pueda recordar se rompió hace unos pocos años. Aunque en la primera categoría «opcional» (con el tiempo), esta asociación se caracterizó por el control abusivo, el avergonzar y el hostigar. Tras romperse el vínculo inevitablemente en mil pedazos, yo no tuve un pensamiento de perdón y clemencia durante un año entero. Estaba tan envenenada que me costó años desintoxicarme. Había aguantado demasiado tiempo. Aquella relación le hizo un daño real a mi alma, y sigo luchando con el cinismo que no puedo sacudirme por completo. Debería haber salido de ella años antes.

Jesús fue el modelo de esta conducta. Sin una disculpa siquiera les dijo a sus discípulos que se «sacudieran el polvo de sus pies» cuando se encontraran con gente hostil (Mt 10.14). Jesús puso gran responsabilidad sobre los individuos, y su ritmo de *movimiento* no se puede negar. No les habló a las personas en lenguaje de bebé para que hicieran elecciones saludables. Declaró: «El que tenga oídos, que oiga», sin nada parecido a los mimos (Mt 11.15). Jesús fue tierno con los quebrantados, pero impaciente con los egocéntricos.

Existe una segunda categoría más desafiante: la gente difícil no opcional. Esto implica a gente como los jefes, las suegras, los vecinos de la puerta de al lado, los compañeros de trabajo, los cónyuges, los niños, los padres. El Campo de Fuerza Sin Drama es aquí truculento. La verdad es que no podemos desechar toda relación difícil. La vida real no es así. Afortunadamente, podemos tirar por la borda algo, y deberíamos, pero con frecuencia estas personas firman el cheque de nuestro salario o nos han traído al mundo, así que están aquí para quedarse.

¿Cómo manejamos las relaciones difíciles, altamente demandantes o peligrosas que deben permanecer?

Un buen punto de partida es la gracia. No algo sentimental y superficial, sino el estilo duro que cava bajo la superficie. Si una relación difícil es permanente, la gracia engrasará las ruedas. La gente más espinosa lo es por una razón. Esto no excusa la mala conducta, pero entender las lesiones primeras o las heridas escondidas amortigua los golpes. No es tener vía libre, pero la empatía es una herramienta poderosa que lleva al perdón y la paciencia. Si debemos aguantar hasta el final, la compasión nos ayuda a transitar el camino.

¿Cuál es el detonante de esta persona? ¿Cuál es su tema candente? ¿Dónde se originó este comportamiento? ¿Fue abandonada? ¿Maltratada? ¿Luchó? ¿Se le afligió? ¿Qué le asusta? ¿Qué teme perder? ¿Qué está intentando impedir? ¿Qué escenario la hace estallar y por qué? ¿Contra qué pecado está luchando? ¿Qué planteamiento es contraproducente una y otra vez, y existe alguna alternativa? ¿Existen ámbitos dolorosos que evitar?

¿Cómo puedes amar mejor a esta persona en los momentos de fragilidad?

Obviamente, no puedes restaurar a alguien. No eres terapeuta, sino sencillamente una compañera observante con discernimiento. La vida es severa y hacerle frente es más duro para unos que para otros. Podemos hacer que el viaje sea más difícil o más fácil, suavizando la senda con gracia o complicándola con más obstáculos. Esta persona está aquí para quedarse en el futuro previsible o para siempre, de modo que es un miembro necesario de tu tribu. Puedes ejercer la compasión sin posibilitar la mala conducta.

Tengo un hijo desafiante; lo llamaré «Niño», porque soy una escritora creativa. Niño nació con un temperamento intenso. Todos los sentimientos son grandes: gran enojo, gran tristeza, gran felicidad, gran temor, grandes reacciones. Niño es increíblemente sensible, y esto es algo que tiene su belleza y su lado malo. Un escenario ordinario para la mayoría de los niños puede ser tremendamente emocional para Niño, lo que crea mucho drama en la casa (como si no nos llegara ya el drama a las orejas). Cualquier intensidad del tipo que sea pone a Niño en modo de lucha o huida, donde los mecanismos para hacerle frente son superdébiles. Preguntamos: «¿Cómo podemos amar mejor a este niño en sus momentos frágiles?».

La agresión explota todo el tiempo. Una mano firme sobre el brazo es catastrófica. Levantar la voz significa que se cierre por completo. Niño necesita tiempo y distancia para regularse, y forzar la cuestión no funciona en absoluto. Para Niño, veinte minutos a solas es una panacea. Hemos aprendido que aun así podemos ejercer como padres y disciplinarlo sin provocar beligerancia. Brandon y yo no regateamos ni abandonamos el liderazgo; sencillamente consideramos los factores detonantes de Niño y aceleramos la resolución.

Cuando tenemos múltiples opciones, escoger el planteamiento que fomente la sanidad *y* la madurez tiene sentido. Con frecuencia considero la instrucción de Pablo: «Si es posible, y en cuanto dependa de ustedes, vivan en paz con todos» (Ro 12.18). Si puedo fomentar un encuentro más apacible, si hay varios medios para un fin similar, si existe alguna medida hacia la buena voluntad, debería escogerlos. Estas cosas se convierten en piedras de pavimento, una por una, momento a momento, hasta que hayamos concatenado cincuenta peldaños saludables y creado una mejor historia.

Los límites vienen después de la gracia, porque la compasión cuida los lugares frágiles, pero los límites impiden que comprometan el resto. El quebrantamiento puede tener orígenes legítimos, pero si no se está al tanto de ella, una herida se infecta y envenena todo el cuerpo (y posteriormente, a todos los que están alrededor). Las heridas han de ser cuidadas para que sanen. Con un miembro enfermo, el resto del cuerpo lo compensa en exceso mediante la manipulación, la agresión o echando la culpa. Los límites en este caso son buenos. Más vale aplicar una presión directa sobre la herida que fingir que está bien; esto puede hacer que empeore antes de mejorar, pero es su forma de sanar.

Este es un límite para las principiantes: mereces el respeto humano básico solo por estar viva. Nadie debería hacerte menos, despreciarte, burlarse de ti o humillarte. No deberías defender esta conducta. Esa no es la manera de Cristo, ni por parte del que da ni del que recibe.

El truco en los límites es que deben ser acerca de ti, no de la otra persona. Últimas noticias: no podemos controlar a las personas. ¡Es tan molesto! Los límites dan por sentado que la conducta ofensiva seguirá en el futuro previsto. No estás alterando la conducta de otra persona, sino aclarando que tú no lo vas a aguantar. Volvamos a Niño:

Límite malo: «¡Niño, no vuelvas a perder la cabeza y te atrevas a gritarme!».

Límite bueno: «Puedes estar tan enojado como quieras, pero hazlo en tu habitación. Si rompes algo, tendrás que sustituirlo. Hablaremos cuando te hayas calmado». (Fin de la escena. Nada de súplicas ni de negociaciones. Estás calmada. Eres la Madre Teresa).

Límite malo: «¡Deja de burlarte de cada palabra que se pronuncia en esta mesa! ¡Estás estropeando la cena!».

Límite bueno: «Si te burlas de un solo comentario más, acabarás de comer en la cocina, mientras el resto de nosotros disfrutamos de una cena en familia». (Voz de la Madre Teresa).

Límite malo: «¡Te he dicho cinco veces que hagas tu colada! ¡Deja de ignorarme!».

Límite bueno: «Ahora harás tu colada y la mía. Nada de pantallas hasta que todo esté lavado, doblado y guardado. Espero que obedezcas a la primera». (No participes del enojo inevitable ni te burles de su impresión. Eres como el agua helada. Eres una Madre Teresa fría como el hielo que acaba de subcontratar su colada).

Esto coloca la responsabilidad allí donde pertenece: en el ofensor. Si la gente difícil grita: *salta* y nosotros decimos una y otra vez: ¿*hasta qué altura*?, ¿por qué habrían de detenerse? Si tu madre critica tus finanzas y tú sigues descubriendo tu presupuesto, renuncias al derecho de protestar. Si tu jefe te humilla delante de tus compañeros de trabajo y tu respuesta consiste en esforzarte más, ponte en paz con este tratamiento.

Cuando las consecuencias de una conducta mediocre afectan al ofensor y no al ofendido, esta es la senda a la madurez espiritual. *¡Esto es tan grande!* Dios designó a la humanidad para que aprendiera al ritmo de siembra y siega. Las consecuencias son una maestra increíble. Así es como somos transformados. Nos acostamos en las camas que hacemos. Pero en nuestra ansia de armonía, permitimos todo tipo de maltrato; cosechamos lo que *otros* siembran, robándoles la instrucción y absorbiendo en su lugar la impresión. Priorizamos el mantener la paz sobre la confrontación, pero el resultado es más sufrimiento y no menos. Permitir que alguien te hiera una y otra vez no es una bondad.

Hasta cierto punto, la gente te tratará como tú la dejes hacerlo. Considera al abusador que recibe un golpe en la mandíbula y nunca más vuelve a molestar a *ese* niño, sino que pasa a un objetivo más débil. Sin embargo, si son bastantes los objetivos débiles que le hacen retroceder, ese matón acabará convirtiéndose en un aburrido contable que debería saltarse su reunión de los diez años. Cuando la gente se ve obligada a cosechar lo que ha sembrado, el beneficio de la consecuencia se sitúa de forma adecuada, y la salud y la sanidad se hacen posibles.

Tienes permiso para apartarte de ciertas relaciones tóxicas. Nota: haz esto bien. No des tiros de gracia que atraviesen la proa. Solo crearás más perdedores y tú eres mejor que eso. Sé elegante. Toma tu dignidad, tu amor propio y tu preciosa humanidad y siéntete orgullosa de ti misma a la vuelta de un año. No necesitas demostrar que tienes razón; la validación no es lo que está en juego. Jamás lamentarás marcharte con gracia, pero puedes arrepentirte profundamente de quemar un puente por el que un día podrías aventurarte a regresar sintiéndote segura.

Y para las relaciones difíciles no opcionales, compromete primero tu empatía. Si no lo has hecho, no tienes ni idea de cuánta sanidad Dios puede realizar aun cuando la otra persona no cambie ni un ápice. Dale una oportunidad a la gracia para suavizar el camino; es una herramienta poderosa en las manos de Dios. Dentro del contexto de la compasión, crea buenos y correctos límites para beneficio de todos. Deja que las consecuencias naturales se escuchen y se sientan; esta también es una herramienta poderosa en las manos de Dios. Si la madurez espiritual tiene su camino, ambos tendrán mejor salud al final.

Y si el Campo de Fuerza Sin Drama no produce ningún resultado medible, y todas tus relaciones permanecen en desorden y estas personas son colectivamente imbéciles disfuncionales que ninguna puede hacer nada bien... bueno, como advertía el culto a las películas de terror de la década de los ochenta: «Quizá la llamada venga del interior de la casa».

Quiero decir, que obviamente no somos difíciles, pero conocemos a personas que sí lo son. Oraremos por ellas.

CAPÍTULO 19

Bono para un menú en el club de cena

Este era uno de mis menús favoritos del CC elaborado por Aaron, que tenía un talento natural para la cocina, me entran ganas de apuñalarlo. Esa comida era tan deliciosa que yo perdía la consciencia. Las recetas son de Aaron, y el comentario parentético es mío, porque estoy aquí para ti:

Paletilla de cordero estofada en salsa de cebolla sobre puré de patata a las hierbas y tarta de chocolate templada con mermelada de leche

Para 8 personas

(Prepara el cordero y la salsa uno o dos días antes de tu cena. El plato principal ya estará listo. De nada).

(No te preocupes por el «cordero». Es como hacer estofado de carne. Relájate).

El cordero (día anterior)

2.250 g de pierna de cordero deshuesada y troceada

4 tazas de caldo de verduras

3 cebollas picadas en dados

7 ramas de apio picadas

5 zanahorias peladas y picadas

12 ramitas de tomillo

5 ramitas de romero

2 cabezas de ajo cortadas por la mitad

Sal y pimienta

Precalienta el horno a 180°C. En una gran olla sazona el cordero con sal y pimienta, dóralo bien por todos los lados y pásalo a una fuente.

En la misma olla, añade un poco más de aceite y sofríe el apio, las zanahorias y las cebollas a fuego medio hasta que queden caramelizados. Añade el caldo de verdura, deja cocer a fuego lento y echa el cordero en la olla (las comidas que se hacen en una sola olla hacen que ME SIENTA MUY FELIZ). Cubre con agua. Añade el tomillo, el romero, el ajo y más sal y pimienta, y deja cocer. Tápalo y déjalo en el horno durante cuatro horas y media.

Deja enfriar el cordero por completo dentro del jugo, a continuación pásalo a una fuente. Cuela el caldo y aparta los sólidos (o alimenta con ellos a tus pollos que se pondrán muy contentos). Vuelve a poner el cordero en el caldo y déjalo en la nevera toda la noche. (Déjalo en la misma olla tapada, porque la volverás a usar mañana. ¡COMIDA EN UNA SOLA OLLA PARA SIEMPRE!)

La salsa de cebolla (día anterior)

2 barras de mantequilla sin sal

6 dientes de ajos finamente picados

1 chalote cortado en finas lonjas

1 hoja de laurel

2 cebollas cortadas en finas lonjas

1 cucharadita de ralladura de naranja

1/4 cucharadita de cardamomo

1/4 cucharadita de canela

1/4 cucharadita de clavos

1/4 cucharadita de cúrcuma

Un manojo de perejil picado para decorar

Calienta la mantequilla en una sartén grande (dos barras... sí, has leído bien... VIVE UN POCO). Añade el ajo y el chalote hasta que estén dorados, luego sácalos a una fuente. Reduce el fuego y añade las cebollas. Cuece durante una hora más o menos a fuego bajo hasta que estén caramelizadas. Añade de nuevo el ajo y el chalote, las especias y el laurel. (Has acabado aquí. Ponlo todo en un contenedor plástico una vez enfriado y estará listo para mañana).

La tarta de chocolate (día anterior)

(Esto no lo puedo igualar. Sirve este postre y te convertirás en una leyenda, Cocinera en Casa. Empieza esto también el día antes y no tendrás casi nada que hacer el día de la cena).

Una caja de mezcla para tarta de chocolate

Un poco de mantequilla

Un poco de azúcar

Una taza de semillas de calabaza para decorar

Una taza de frambuesas para decorar

Algunas hojas de menta para decorar

Haz una tarta normal de chocolate según se explica en el envase. (Amén y Aleluya. Nadie tiene tiempo para hacer una tarta casera). Una vez totalmente fría, cortar en tiras de 2,5 cm por 10 cm, más o menos del tamaño de un dedo. (Esta es la descripción de Aaron, y creo que es MUY ESCALOFRIANTE). Pasa cada tira de tarta por azúcar. Guárdalas todas en un recipiente cerrado hasta mañana.

Mermelada de leche (día anterior)

2 tazas de leche completa

1 taza de azúcar

1 taza de nata (que se añadirá el día de la cena)

Hierve la leche con el azúcar a fuego medio. Baja el fuego, deja cocer a temperatura baja; remueve hasta que espese y adopte un color rojizo tirando a marrón, y haya reducido hasta quedar más o menos una taza. Guárdala en la nevera. Esto puedes hacerlo incluso una semana antes.

Acabar el cordero estofado (día de la cena)

Elimina la grasa del caldo. (Debería estar solidificado y formar como una gruesa capa de manteca vegetal. Si eres como mi abuela, la guardarás para usarla como condimento en el futuro). Saca el cordero, pártelo en grandes trozos, y apártalo. Pon la olla a fuego medio y deja reducir el caldo hasta que queden como unas tres tazas. Una vez reducido, añade los trozos de cordero y 1/4 de taza de la salsa de cebolla y déjalo a fuego lento. Déjalo estofar a fuego lento hasta que estés preparada para servir.

Presenta el cordero en una fuente sobre el puré de patatas, y viértele encima el resto de la salsa de cebolla y el perejil picado. (ERES UNA HEROÍNA. Tus invitados te alabarán a las puertas de la ciudad).

Puré de patatas a las hierbas (día de la cena)

El puré de patatas no es complicado. Tan solo prepara un puré normal: pela, trocea, hierve y machaca tus patatas. Añade un montón de mantequilla, nata o leche, y sal y pimienta al gusto.

Añade un buen puñado de las hierbas picadas que usaste para el cordero: romero, tomillo y perejil. Fin.

Acabado de la tarta de chocolate con mermelada de leche (día de la cena)

Justo antes de servir, dora los dedos de tarta azucarados (¡puf! Aaron) en una sartén caliente con mantequilla. Dóralos por los cuatro costados. Te llevará tan solo un minuto.

En un bol, mezcla la mermelada de leche y la nata.

Para servir, amontona dos o tres dedos de tarta tibios (¡Dios mío, ahora necesito asesoramiento!) en el plato de cada comensal. Vierte la mermelada de leche sobre ellos, salpica con las semillas de calabaza tostadas, las frambuesas y las hojas de menta.

Esta comida en un *jonrón*, queridas mías. Es la comida más reconfortante. Sírvela con una sencilla ensalada de lechuga y tu gente se sentirá inmensamente amada y cuidada. Al cordero le va bien el vino, así que emparéjalo con un Bordeaux, un Cabernet picante o un fuerte Chianti Classico.

CAPÍTULO 20

Notas de agradecimiento (Parte 3)

Gracias, Jóvenes Celebridades de Veintitantos, por recordarme por qué no quiero volver a tener veinte otra vez. Dentro de quince años ya no harán vídeos sexuales, ni beberán vodka seis noches a la semana, ni olvidarán sus bragas, ni iniciarán estúpidas peleas por Twitter. (¿Han olvidado que sus doce millones de seguidores pueden leer las palabras que ustedes escriben cuando pulsan Publicar?) Lamento tener que decirles que las fotos que han publicado existirán por siempre, pero al menos cuando ustedes estén ya en los cuarenta y ellas todavía estén circulando, recordarán lo bellos que eran sus senos en aquella época.

Gracias, Hija de Cuatro Años, por gritarle a tu hermana de dos: «¿Me vas a escuchar o quieres MORIR EN LA CRUZ POR TUS PECADOS?». Has destruido mi imagen de Buena Madre a la vez que has demostrado los peligros de una mala hermenéutica.

Gracias, Pantalones de Yoga de Maternidad, por la banda elástica extra ancha en la cintura y por el gran trabajo que haces manteniendo mi panza de bebé bajo control, sobre todo porque hace cinco años y medio que tuve a mi último bebé.

Gracias, Champú en Seco, por permitirme dormir cuarenta minutos más esta mañana. Sé que no me he duchado. Tú sabes que no me he duchado. Pero nadie más necesita saberlo. (Un agradecimiento público específico para el Champú en Seco para Morenas, porque ahora puedo usarte sin parecerme a mi abuela Peck).

Gracias, Lista de Tareas por Hacer, por estar de acuerdo cuando añado cosas que ya están hechas, solo por la satisfacción de tacharlas. No espero que entiendas mi neurosis, pero aprecio tu política de vive y deja vivir. Me quedan tan pocas cosas. Dame esta pequeña victoria. Tuya, Realizadora de Planificación de Comidas, Viajes al Correo, Envíos de Correos Electrónicos a los Maestros ref: Ausencia de mi Hijo el Lunes Pasado, y Poner Suelas Nuevas a las Botas.

Gracias, *Caillou*, por tener un título no fonético, de manera que mi hijo no pueda buscarte en Netflix.

Gracias, Fecha Límite Inminente del Libro, por darme ojos para ver la suciedad en los rincones y las grietas más raras de mi casa, que deben limpiarse de inmediato. También me has ayudado a comprender la urgencia de organizar mi despensa, organizar mis fotos de Instagram en carpetas y ver lo que podría haber a la venta en Anthropologie.com. Finalmente, has vuelto a encender mi relación con todas las tiendas de descuento en la red, así que gracias por crear tanta pasión por algo que no seas tú.

Gracias, Target, por deprimirnos llenando tu almacén de chaquetas adorables, suéteres y botas en el mes de agosto, aunque los barómetros sigan marcando 40°C y ni siquiera bajarán a los 20°C hasta noviembre. Esta tragedia estacional no es culpa tuya, pero en septiembre no necesitamos lindos calentadores de punto. Todavía precisamos la sección de bañadores. Por favor, descarga una aplicación del tiempo y envíasela a tus compradoras. Sinceramente, Todas las Amantes del Otoño que Lloran Vistiendo Su Chaleco en Halloween.

Gracias, Siri, por no entender nunca nada de lo que te pido y por buscar en la red páginas por las que probablemente me arrestarían. El nombre de mi marido no es Rendon, no quería la dirección de «La Casa del Culo » y tampoco deseaba llamar a mi pediatra a las doce y media de la noche. (Dije «m'ija» no «médica», y ahora se arrepiente de haberme dado su número de móvil en aquella ocasión. Jamás volveré a obtener antibióticos rápidos de nuevo). ¡Maldita sea, Siri!

Gracias, Pinterest, por alimentar mis desdoblamientos de personalidad inspirándome para hornear un *mousse* de triple chocolate después de un intenso ejercicio de abdominales en diez pasos. También aprecio los numerosos conjuntos y accesorios a juego expuestos como inspiración para mujeres de talla normal, sobre todo los vaqueros de la talla 0 y las camisetas ajustadas sin mangas seguramente pensadas para bebés recién nacidos. Si pudiera estrujarme y meterme en ese conjunto, parecería una salchicha intentando escapar de su envoltorio. Ni siquiera estoy segura de que alguna vez hayas vestido de verdad a una mujer humana, pero oye, el conjunto se ve precioso expuesto así en el suelo.

Gracias, Inodoros con Descarga de Agua Automática. Mi ropa interior necesitaba realmente una rápida rociada desagradable cuando intentaba desmontarte esta mañana. Hasta la parte trasera de mis muslos entró en acción, algo que resultó ser una verdadera sorpresa para ella y no del estilo de: «Oye, he reservado un viaje a Cancún para nosotros», sino más bien como: «Adivina una cosa. Esto no solo es un inodoro, sino un bidet para hacer caca. No hay de qué». Sinceramente, Señora Que Acaba de Gritar en el Baño del Aeropuerto.

Gracias, Mensajes de Texto, por asegurarse de que, si lo hago bien, jamás tendré que volver a hablar por teléfono en toda mi vida. Es como un aplazamiento de la sentencia para introvertidos. Quisiera aprovechar este momento para agradecer también a los emojis por ayudarme a expresar mis sentimientos más internos a través de gatos, gatos que lloran, gatos demonios y mujeres vestidas de gato. De verdad te me has metido en el bolsillo. Sin embargo, preferiría un gato enfermo de amor a tener que pronunciar palabras cada día de la semana. (¡Choca ese puño!)

Gracias, Corrector Automático, por hacerme parecer simultáneamente como una profesora de inglés y un gánster pervertido. En realidad no quería *abrasar* al bebé de mi amiga, sino más bien *abrazarla*. ¿Quién abrasa a un bebé? ¡No estoy tomando esteroides! Tienes graves problemas. Sinceramente, No es Lo Que Quería Decir.

IGLESIA, GENTE DE LA IGLESIA, GENTE QUE NO PERTENECE A LA IGLESIA Y DIOS

CAPÍTULO 21

Turismo de pobreza

Brandon y yo tuvimos una conversación inspiradora con un líder local en Etiopía. Él dirigía una iglesia y acompañaba a turistas sin ánimo de lucro, y un grupo occidental descubrió su obra. Ávidos por hacer el bien y deseosos de hacerlo a nivel internacional (tan sexy), ellos empezaron a visitar la casa de sus hijos una vez cada verano. Debido a que no pudieron escuchar, aprender y entrar en una cultura extranjera con humildad, al no valorar la experiencia, la intuición cultural y la autoridad del líder local, visitaron su comunidad cada año con la misión predeterminada de pintar la casa de los niños. De nuevo.

Así que, antes de que llegara cada mes de julio, los niños frotaban los prístinos muros con suciedad y desechos para que los estadounidenses pudieran volver a pintar y sentirse bien por su «útil viaje anual».

Podemos hacerlo mejor.

Esta es una conversación complicada tanto para participantes como para los críticos de los viajes misioneros a corto plazo, y habría que ir con pies de plomo. Les invito gentilmente a este debate porque sin lugar a duda, al enfrentarnos a este mundo, nuestro objetivo es ayudar y no hacer daño. Merece la pena notar que aquí están prácticamente garantizadas las buenas intenciones. Los motivos no se cuestionan, pero sí los métodos; nuestro respeto a las culturas indígenas, a los efectos locales y a la sostenibilidad a largo plazo. Los viajes misioneros a corto plazo eficaces existen, y unas buenas preguntas, un humilde autoexamen y la deferencia a los locales nos llevarán allí.

Empecemos por donde siempre deberíamos comenzar: la comunidad local a la que deseamos servir, ya sea internacional o doméstica. Esto no debería ser una idea adicional a los detalles de nuestro viaje. Ninguna comunidad es un programa, una salida o una lección, y su gente no son oportunidades para hacer fotografías. La gente pobre no es tonta, no está despistada ni es indefensa o ignorante; son ingeniosos y flexibles. Cualquier pensamiento que los margina como personas a las que hay que tenerles lástima y restaurar tiene que ser erradicado. No empezamos por el viaje; comenzamos por las personas.

Cada vez que los ricos y los pobres se combinan, deberíamos escuchar a quien tiene menos poder. Los ricos estamos condicionados a evaluar el mundo por medio de nuestros privilegios. Los poderosos tendemos a desacreditar o ignorar la perspectiva marginada porque podemos. Estamos protegidos de los efectos de una ecuación desequilibrada; cosechamos los beneficios, no las pérdidas. No pretendemos hacer esto (ni siquiera sabemos que lo hacemos), pero valoramos a otras comunidades a través de la lente de la ventaja dando por sentado que sabemos más, que tenemos más que ofrecer. Al actuar así elevamos sin querer nuestra percepción.

Cada conversación misionera debería empezar con los líderes locales, las familias locales, los ministerios locales y la perspectiva local. *Háblenos de su comunidad. ¿Cuál es la historia? ¿Qué tienen que superar? ¿Con qué siguen peleando? ¿Cómo dirige a su pueblo? ¿Qué ha funcionado? ¿Qué ha fallado? ¿Cuál es la visión local para el desarrollo de la comunidad? ¿Quién más está liderando bien? ¿Qué tal la colaboración con su gobierno? ¿Qué sistemas se han roto en su comunidad? ¿Cuál es su mayor necesidad en estos momentos? ¿Cuál es su mayor fuerza a tal fin? ¿Dónde se está moviendo Dios? ¿Cómo podemos apoyar lo que usted ya está haciendo? ¿Cómo podemos servirles mejor? ¿Qué «ayuda» ha dañado en realidad y cómo podemos evitarlo? ¿Les sirve de algo un equipo a corto plazo, o les vendría mejor que fuéramos colaboradores en la distancia?*

En cambio, toma una instantánea de muchos viajes misioneros a corto plazo (y gracias a mi amiga misionera Jamie Wright por esta perspectiva):

Invita a alguien que pueda permitirse viajar a un país o comunidad pobre; recauda toneladas de dinero; recoge suministros que transportar (en lugar de hacer compras en el país para espolear la economía); fabrica camisetas a juego con gráficos y eslóganes como: «Haciendo Discípulos y Alimentando a los Hambrientos: ¡La Iglesia Lo-Que-Sea Va a México!» (y asegúrate de llevarla puesta delante de mexicanos hambrientos que no son discípulos para que entiendan tu caridad); suelta a obreros ineptos en la construcción de un proyecto de tu elección (ya sé que me gustaría tener a veinticinco adolescentes para que pinten mi casa o me construyan toda una estructura en lugar de un contratista experto local); haz un poco de evangelización al estilo occidental; pon una carga desconocida sobre los líderes locales mientras ellos son los anfitriones (y olvídate de preguntarles a los misioneros cómo se sienten de verdad con respecto a la mayoría de los viajes a corto plazo); vete a casa en conflicto, pero agradecida por la abundancia; y cambia tu foto de perfil de Facebook por otra tuya con ese niño al que «amaste».[1]

Préstame atención. He participado en este viaje concreto y hasta lo he liderado, así que también soy una aprendiz humilde y arrepentida. ¿Me permites que explique cuál es aquí el perjuicio? En primer lugar, el beneficio para el equipo supera al de la comunidad. Así es, aunque creamos estar sirviendo bien. Es verdad que regresamos a casa conmovidos y agradecidos (al menos durante uno o dos meses más), ¿pero con qué fin? Si el objetivo de la «exposición a la pobreza» deja atrás la obra humilde, deferente y estratégica en una ciudad empobrecida, convertimos a las personas en accesorios para nuestra propia mejora.

Los pobres no son ciegos a esto. Las personas saben cuándo son una lección práctica, incluso sin querer. Sí, es posible que los ricos «aprendan mucho aquí», ¿pero qué están aprendiendo los pobres? ¿Que nos sentimos muy agradecidos de no vivir allí? ¿Que sopesamos sus circunstancias con una amable piedad obvia? ¿Que arreglaremos las cosas porque ellos son claramente incapaces? Estos efectos son comunes; sin embargo, la mayoría de las personas empobrecidas son demasiado educadas y respetuosas para desafiar a los fervientes miembros del equipo que están saboreando su viaje.

Mientras comparamos nuestro estilo de vida con el suyo y salimos ganando, ellos también cotejan el suyo con el nuestro, y salen perdiendo. Perciben por completo que los «que tienen» han llegado hasta aquí para mostrar afecto a «los que no tienen». *Desafiar nuestra rica perspectiva no puede ser nuestra meta principal.* No debemos usar el pesar de otros para reforzar nuestro gozo, aunque lo hagamos sin querer. Por supuesto, queremos combatir los derechos y la permisividad, pero no a costa de otra alma. No hay dignidad en esto. Despoja a las personas de su orgullo, tratándolas con condescendencia y robándoles a sus líderes la autoridad. Crea carga y dependencia, y puede ser absolutamente humillante.

Si sientes que en ti crece un «pero...», me identifico por completo, pero mi argumento debería ser tomado en consideración, sobre todo cuando sigue apareciendo sobre el terreno. Para mí, el cambio de cosmovisión fue el resultado de años de conversaciones con misioneros, líderes locales, miembros pobres de las comunidades y directores sin ánimo de lucro. Leí sus libros y aprendí mejores prácticas, confiando en su autoridad y experiencia en sus propias naciones y contextos. Viajé internacionalmente con ellos o trabajé junto a ellos a nivel nacional como aprendiz, y vi un modelo por completo distinto a lo que yo conocía. Estoy observando este cambio de conversación con gran efecto y estoy aprendiendo que «lo que saco de un viaje» no es la meta suprema.

Cuando las voces de la minoría dicen las mismas cosas, los que tienen privilegios deberían escuchar. Deberíamos filtrar nuestras propias experiencias como personas con poder y tomar en cuenta humildemente a los que están del otro lado. Aunque muchos miembros de equipos a corto plazo son sin duda transformados, no es suficiente razón para seguir una obra perjudicial. Sencillamente no lo es. El crecimiento personal será un efecto residual, pero debería ser un beneficio secundario a los que coseche la comunidad local.

Entonces, ¿cómo es un buen viaje misionero a corto plazo?

Es evidente que empieza internacionalmente en el campo misionero con los líderes locales y nacionales, o incluso en las secciones empobrecidas de nuestras propias ciudades, como ya he mencionado. Como humildes aprendices, extraños a su cultura, su historia, sus sistemas y sus prácticas, nos juntamos con las personas que viven allí. Escuchamos. Es todo lo que hacemos al principio. Tomamos abundantes notas. Diferimos. Borramos toda idea preconcebida son respecto a ayudar, servir, viajar o tomar parte. ¡Dios mío! Soltamos nuestras brochas. (El mundo ha dejado ya de ser pintado por la iglesia estadounidense).

Contemplamos con seriedad las cuestiones sistémicas de esa comunidad. Aprendemos sobre las causas raíces, las estructuras rotas y las fallas sociales, tales como la violencia y la falta de una justicia posterior, los huérfanos de la pobreza, el maltrato a las mujeres y los niños, la marginación económica, la degradación medioambiental, la disparidad educacional, la salud maternal, la nutrición y el cuidado de la salud. Escuchamos a los líderes locales sobre soluciones sostenibles a largo plazo y nos integramos en el debate con humildad. De nuevo, esto puede ser a nivel internacional o local. (La clase media y alta estadounidense está impresionantemente desconectada de la difícil situación de los pobres en nuestro propio país).

Solo nos asociamos con misioneros, líderes y organizaciones locales concentrados en su ciudad o país. (Si quieres servir a los sin hogar, empieza por las personas que ya están ayudando a los sin techo de tu ciudad). Como extraños ignorantes e inexpertos, debemos trabajar con personas que viven, trabajan y respiran la salud sostenible e integral de su comunidad. Necesitamos expertos de confianza para esto. Estos viajes son demasiado costosos —en capital humano y financiero—, para recorrer en avión medio mundo a fin de presentar un show de marionetas. Los líderes locales altamente capacitados que son capaces de influir en los beneficios a largo plazo para sus comunidades son fundamentales. Deberíamos quedar anonadados por su aptitud y asombrados por su visión de desarrollo, que incluirá metas a corto y largo plazo, resultados apreciables y soluciones fundamentadas.

Si los estadounidenses trabajan con las comunidades pobres, la sociedad debería ser a largo plazo (fuera del alivio de emergencia). No entramos y salimos de sopetón, ni tampoco inventamos nuestro propio viaje para después encontrar a algún misionero al azar que nos sirva de anfitrión. Si vamos, estemos preparados para *volver a ir*. Prioriza la salud y la dignidad a largo plazo de la comunidad, y para ese fin, las relaciones son críticas. En Haití, con Help One Now, la organización sin ánimo de lucro a la que sirvo, un pastor local con el que trabajamos dijo: «Después del terremoto, centenares de iglesias vinieron con promesas y compromisos, y casi ninguna ha vuelto». Apuesto a que aquellas iglesias recuerdan con cariño aquel viaje a Haití mientras que los locales se sienten abandonados.

No podemos meternos en una anchura de un kilómetro y dos centímetros de profundidad en el desarrollo de la comunidad, porque son personas y no proyectos. Toma tu misión e invierte con todo tu ser. Intercambia nombres, números, correos electrónicos, fotos, cartas, una prueba de compromiso. Eleva a los líderes locales y dale prioridad a su autoridad año tras año, porque el desarrollo no está estancado y requiere una evaluación constante. Los líderes locales solo deberían encontrar respeto, sociedad y lealtad.

(Nota al margen: ¿quieres conocer al niño que apadrinas? VE. Estas no son misiones a corto plazo; es visitar a un amado niño o una familia. He visto tus fotos y tus cartas pegadas a sus paredes. Eres preciosa para ellos y serías una visita muy bien acogida. Lleva a tus hijos. Lleva las cartas que has guardado del hijo que apadrinas. Si tu viaje ha nacido de la relación, será un tesoro para todo aquel que esté implicado).

Deberíamos dejar a un lado por completo el valor de nuestra experiencia. Ese beneficio llegará de todos modos, así que no te preocupes por ello. Con inteligencia y pensamiento crítico podemos considerar a una comunidad a través de la investigación, de la asociación, escuchando y aprendiendo. Formula nuevas preguntas y eleva el listón, comprendiendo cómo alguna intervención puede ser neutral en el mejor de los casos, y destructiva en el peor; y con toda seguridad queremos algo mejor. Considera los elementos más quebrantados de una comunidad y asóciate con miras a las cuestiones urgentes que afectan las vidas en lugar de proyectos frívolos que malgastan el dinero, el tiempo, los recursos y la oportunidad. Recuerda que los pobres son personas capaces, inteligentes, reales, y trátalos con el respeto que merecen. Combate cualquier pensamiento condescendiente y de lástima que les roba su humanidad.

Podemos ayudar de verdad en lugar de herir, y es un trabajo noble y necesario. ¡Ojalá que no enviemos ni un grupo más de huérfanos a ensuciar las paredes de la iglesia para que podamos volver a pintarlas en julio! En vez de esto, que podamos unirnos a ese valeroso y valiente pastor local y preguntemos: «Buen hermano, ¿cómo podemos ayudarte a vaciar este orfelinato en los próximos veinte años?».

CAPÍTULO 22

Amada iglesia...

Lectora, prepárate: Brandon y yo hemos formado parte del personal de la iglesia desde que teníamos veintiuno y diecinueve años respectivamente. Cuando recuerdo haber liderado a esos jóvenes —*que eran básicamente nuestros colegas*— solo puedo agradecer la gracia de Dios, y es posible que veinte años hayan borrado cualquier cosa que enseñáramos, Dios nos bendiga. También soy hija de pastor, aunque uno muy inconformista, pero aun así. Durante toda mi vida he tenido una perspectiva del liderazgo de la iglesia, como desde detrás de una cortina.

Brandon y yo crecimos como bautistas del sur; desentumecimos nuestros músculos ministeriales en una «iglesia liberal bautista del sur» (con bastante seguridad esto es un oxímoron; el mayor escándalo implicó a las diaconisas, ya sabes, *agarren sus perlas*); nos mudamos a una «iglesia de buscadores» grande y genial; luego aterrizamos en el abrazo fortuito de los metodistas libres. Brandon había dirigido a adolescentes, estudiantes universitarios, discipulado de adultos, eventos, ministerio para hombres, y ahora a una iglesia entera. Yo estudio teología anglicana, leo libros de oración escritos por sacerdotes, sirvo con amigos del movimiento de la Palabra y la fe, y en secreto envidio a los carismáticos. Me encanta la liturgia de los presbiterianos y pasármelo bien como una católica. He enseñado en todo tipo de santuario y adorado con grupos, coros, bailarines y cuartetos. Me gusta todo lo que tiene que ver con la iglesia. Cada expresión es un poco como un desastre total, pero Dios la bendiga, es *nuestro* desastre.

Tengo muchas esperanzas para la iglesia, aunque a veces me produce indigestión. Soy consciente de que muchas lectoras sufrieron mucho bajo los campanarios, y un buen grupo se marchó y otros quieren hacerlo. Algunas de ustedes no lo han probado en absoluto, porque la iglesia es tan... ya sabes... beata. Organizar algo tan misterioso y maravilloso como la familia de Dios es sencillamente difícil. No se me ocurre un grupo que necesite más gracia.

Tengo unos cuantos pensamientos, primero para los líderes de la iglesia, y segundo, para la gente de la iglesia; soy extrañamente protectora de ambas cosas, porque *soy* ambas cosas. Me encanta la chica de la sexta fila que apenas ha entrado por la puerta, y me encanta el pastor que estudió toda la semana mientras cuidaba de su rebaño difícil de manejar. Al fin y al cabo, ambos grupos son solo gente corriente que lucha y peca, y en ocasiones actúa con valentía y otras veces de una forma horrible. La cortina es mucho más fina de lo que parece. ¡Allá va!

Amados Líderes de la Iglesia, ustedes son muy queridos para mí. Han sido padres y madres adicionales toda mi vida. Conozco a la inmensa mayoría de ustedes y son buenas personas que aman a Dios y quieren ser obedientes. Como en cualquier otra profesión, quien más alto habla logra la atención, pero la mayoría de los pastores son hombres y mujeres de honor. Los respeto y los amo enormemente.

Escuchen, deberían tomar unas vacaciones. Sé que las necesitan. Consideren tener un año sabático si han estado trabajando sin parar durante doce años. Hablo en serio. Las estadísticas no están de su parte y deberían prestarles atención: el noventa por ciento de ustedes trabaja entre cincuenta y cinco y setenta y cinco horas a la semana; el setenta por ciento de ustedes lucha contra la depresión; el ochenta por ciento de ustedes cree que el ministerio ha afectado de forma negativa a sus familias; y solo el diez por ciento de ustedes se jubilará como pastor. Por el amor de Pedro, el setenta por ciento de ustedes no tiene un amigo cercano.[1] Esto no es bueno. Con números como estos, ¿podríamos reinventar algunas cosas juntos para la salud de sus iglesias, sus familias y sus propias almas?

Tal vez empecemos por aquí: el noventa por ciento de ustedes cree que gestiona de forma inadecuada las exigencias de su trabajo, y la mitad de ustedes están tan desalentados que abandonarían el ministerio si contaran con otra opción de trabajo.[2] Cualquier profesión en la que el noventa por ciento de los trabajadores siente que «no son suficiente» indica un problema fundamental. Con toda seguridad esta no es la iglesia que Jesús pretendía. Cuando gritan casi de forma unánime: «No puedo hacerlo todo», quizá la respuesta es sencilla: exactamente, no pueden hacerlo todo y deberían dejar de intentarlo.

No está funcionando, están muriendo y las personas se están marchando de todos modos.

Me pregunto si la iglesia estadounidense está mal situada. Si la estructura de la iglesia —que está dirigida hacia la satisfacción de toda necesidad, que todos se desarrollen espiritualmente y organizarlo todo en el ministerio interno y externo— resulta en una probabilidad del noventa por ciento de fracaso, tal vez deberíamos volver a evaluarlo todo. Cuando una comunidad de fe está centralizada en la iglesia, se espera que el personal asuma la plena responsabilidad espiritual de las personas, y esto supera en mucho su capacidad. Claro que unas cuantas iglesias tienen tanto personal que los profesionales pagados pueden mantenerlo todo en funcionamiento. Pero la mayoría de las iglesias son pequeñas o medianas, con un personal modesto que no puede ocuparse de tales demandas.

Me pregunto si una estructura tipo «Vengan a nosotros y lo haremos todo, lo lideraremos todo, lo organizaremos todo, lo registraremos todo en la agenda, lo ejecutaremos todo, innovaremos en todo, cuidaremos de todo y lo financiaremos todo» es incluso bíblica. Esta estructura equipa a los líderes y los seguidores para el fracaso, creando un paradigma centrado en la iglesia en el que el discipulado está dirigido por el personal y se guía por un programa. Esto va construyendo lentamente una cultura consumista donde la responsabilidad espiritual se transfiere desde los seguidores de Cristo a los pastores, y esta es la receta para el desastre.

Los números manifiestan este efecto en ustedes, pero también existe un impacto perjudicial en su congregación y en última instancia en su comunidad. Cuando ustedes le dicen a su gente: «Vengan el domingo para adorar, el martes por la mañana para el estudio de la Biblia, el miércoles por la noche para el grupo de comunidad, el jueves por la noche para el precioso programa de discipulado para niños Awana, el viernes por la noche para un proyecto de servicio y el sábado por la tarde para la formación del liderazgo», resulta frustrante. Intencionadamente o no, desarrollan una cultura en la que el discipulado se mide por la asistencia.

Esto comunica que todas estas *cosas* son lo que más cuenta.

Irónicamente, mientras ustedes trabajan hasta la extenuación, su gente también se siente sobrepasada. Como es de esperar, se vuelven unos contra otros. Cada grupo se siente resentido; los pastores se preguntan: *¿Qué más quiere esta gente de nosotros?*, y la gente de la iglesia piensa: *¿Qué más quieren estos pastores de nosotros?* Este enfoque no está haciendo discípulos, sino que está creando una situación en la que todos salen perdiendo, y en la que nadie siente que puede cumplir.

¿Y qué me dicen de su comunidad? Cuando se espera (claramente o no) que su gente invierta principalmente en ministerios liderados por el personal, ustedes no lanzarán misioneros en su ciudad, no porque a su gente no le preocupe, sino porque *ya no tienen más tiempo*. Aunque el dato es difícil de consolidar, la iglesia está perdiendo aproximadamente unas cincuenta mil personas por semana. Las razones son numerosas, pero *el factor número uno* citado son demasiadas responsabilidades familiares que conducen a programas sobrecargados.

Esto está ocurriendo, así que tal vez la iglesia pueda abrazar nuevas formas, nuevas medidas para el éxito. Fomentar una mayor descentralización erigida sobre la misión y la flexibilidad, creando un margen para la ocupación mientras sigue defendiendo el reino. Como líderes, ampliemos la definición de *lo que cuenta*. ¿Acaso una reunión informal de siete personas debatiendo sobre Dios tiene menos peso que un culto de la iglesia? Si una familia da dos horas un martes, ¿tiene esto menos significado que dos horas en domingo? Si un seguidor de Cristo pasa horas captando a sus amigos buscadores, compartiendo un vino y *hummus*, tampoco podemos esperar que tres programas de iglesia legitimen su inversión.

Irónicamente, cuanta más responsabilidad asuman las personas para su desarrollo espiritual y para su prójimo, más saludables serán, y también menos resentidas con la iglesia, menos dependientes de una programación y de los pastores. Esto libera al personal para roles más razonables, y a las personas para ser buenos prójimos.

Estoy sugiriendo esto, pastores: ofrezcan menos, potencien más, validen el ministerio no tradicional y establezcan un nuevo estándar desde su púlpito. Prediquen esto, enseñen esto, celebren a sus siervos poco convencionales desde el escenario, hagan sonar el tambor por las simples vidas misionales, y si la máquina los está matando, dejen de alimentarla. ¿No suena esto como un alivio maravilloso? Esto podría ser profundamente bueno para ustedes y su membresía.

Una cosa más: los números nos dicen que ustedes sufren en privado y que luchan con la vergüenza: el setenta y siete por ciento de ustedes cree que su matrimonio no va bien; el setenta y dos por ciento solo lee la Biblia cuando estudia para un sermón; el treinta por ciento ha tenido aventuras, y el setenta por ciento de ustedes está completamente solo.[3]

¡Muchachos, son ustedes un desastre! Y esto tiene sentido, porque son humanos, como cada una de las personas de su iglesia. Son increíblemente humanos, pero les asusta admitirlo. Son tan pocos los que lo hacen. Es evidente que los pastores luchan poderosamente; aun así, rara vez se oye esto desde el púlpito. La persona promedio se sienta en la iglesia agotada y cansada, sin idea de que su pastor entiende profundamente su dolor. De modo que todos siguen fingiendo.

Les asusta ser transparentes, a veces con buenas razones. No todas las congregaciones son seguras para un líder sincero. Algunas iglesias prefieren la ilusión, porque apoyarse en la humanidad de un pastor es difícil e incómodo. Pero el temor es un terrible motivo para permanecer en silencio. Es una razón terrible para hacer cualquier cosa. No es un motivo confiable y ni siquiera nos conduce a la integridad. Las Escrituras nos dicen con toda claridad que el temor no es de Dios, así que operar fuera de la autoprotección nos aparta más y más de la vida del Espíritu, y esta es una fractura imposible de gestionar para cualquier pastor.

Esto es más que una omisión neutra. El poder y la autoridad pueden corromper el alma más querida, y los líderes que carecen de transparencia son más susceptibles de liderar de forma abusiva. El orgullo no conoce límites, y cuando los pastores se autoprotegen desde el púlpito, tienden a volverse manipuladores, impulsados por el temor y controladores. Si son infalibles el domingo por la mañana, empezarán a creer que lo son de lunes a sábado también. Las personas se convierten en materias primas para preservar la fachada, y el riesgo de ser expuestos y de perder puede convertir a los pastores en tiranos.

Casi el cuarenta por ciento de los que no van a la iglesia citan la desconfianza en sus pastores. Les ruego que se suban al púlpito y digan la verdad. Sobre ustedes mismos. La vulnerabilidad es absolutamente transformadora y crea más confianza, nunca menos. Su gente está quebrantada y sufriendo, y la instrucción sin identificación profundiza la vergüenza, tanto la suya como la de ellos. ¡Qué bendito alivio cuando un pastor confiesa su humanidad! Cuando se presentan sobre el escenario como inhumanos, las personas también depositan en ustedes expectativas feroces en todo lo demás. Ustedes son más que líderes; también son hermanos o hermanas, y la familia necesita más personas que digan la verdad. Volviendo a Brené Brown y su libro *Daring Greatly*: «Si vamos a encontrar nuestro camino para salir de la vergüenza y volvernos los unos a los otros, la vulnerabilidad es la senda y el valor es la luz. Establecer esas listas de lo que *se supone que seamos* es valiente».[4]

Así es como lo expresa Santiago (y me encanta esta paráfrasis que hace la versión *The Message*): «¿Están sufriendo? Oren. ¿Se sienten bien? Canten. ¿Están enfermos? Llamen a los líderes de la iglesia para que se reúnan a orar y les unjan con aceite en el nombre del Señor. La oración de fe los sanará, y Jesús los levantará. Y si han pecado, serán perdonados, sanados por dentro y por fuera. Conviertan esto en su práctica común: Confiesen sus pecados los unos a los otros y oren unos por otros, para que puedan vivir juntos íntegros y sanados» (Stg 5.13–16).

En otras palabras, digan la verdad sobre cómo se encuentran, aunque su nombre esté en los carteles. Si están sufriendo, díganlo. Si están enfermos, comuníquenlo. Si están pecando, confiésenlo. Esta santa práctica de la confesión crea comunidades sinceras y saludables. ¡Qué teología tan increíblemente importante! La senda que conduce a la sanidad parece aterradora, líderes de la iglesia; pero esta escritura es veraz o no. La confesión salva al que dice la verdad y al que la recibe, porque Dios queda libre para moverse. Creo en él por esto. Lo he visto. Den un sermón emocionante y las personas se conmoverán, pero prediquen un mensaje vulnerable y serán libres.

Una iglesia saludable empieza por su líder, y las personas confían en la brújula de su identidad. Siéntete bien, buen pastor. Descansa un poco si lo necesitas. Habla emancipando, petrificando la verdad frente a tu gente; dale la oportunidad de funcionar a esta instrucción bíblica. Evalúa la cultura de tu iglesia y decide si estás haciendo discípulos o consumidores. Por favor, sé tierno contigo mismo y con tu iglesia; todos, incluido tú, pelean una dura batalla. Quitemos los pesados yugos que nos hemos puesto unos a otros, mientras intentamos poner en orden esta cosa de la iglesia. Da gracia impresionante y permiso a tu gente, y ellos te lo devolverán.

Hagamos que nuestras comunidades de fe vuelvan a ser hermosas, usando las herramientas menos llamativas, corrientes, que siempre han funcionado: la verdad, la confesión, la humildad y la oración. Con toda seguridad no son elaboradas, pero salvan y sanan.

Incluso a ti.

Amada gente de la iglesia, en primer lugar permítanme ampliar la definición de quién es la «gente de la iglesia». ¿Qué me dicen de la gente de la iglesia, de la antigua gente de la iglesia y de la potencial? Es una categoría fluida, de modo que lo único que se puede hacer es agruparse alrededor. Ustedes me son tan increíblemente queridos. Me gustan en particular las personas espinosas en apariencia, pero fui educada por las señoras del coro de la iglesia con cacerolas, de manera que tengo mucho espacio en el corazón para todos los anillos concéntricos.

Sigamos, pues, adelante y tratemos el «asunto»: la iglesia está un poquito loca. Esto es algo que sé. Es lo que yo soy. Aproximadamente cuatro de ustedes no tienen bagaje de iglesia. Esas heridas van desde «Esto parece irrelevante y raro» a «Este lugar aplasta mi alma». He experimentado ambas cosas, así que prometo ser una amiga amable.

Cuando era niña, pensaba que mis padres lo sabían todo porque eran padres. No tenía claro cómo se les había transferido la información sobre Todas las Cosas, pero estaba segura de que estaban en posesión de ella. Parecían muy viejos y paternales, y yo creía que estaban completamente seguros de nuestro mundo y de lo que ocurría en él. ¿Cuál era su vida real? No tengo la menor idea. Pienso que existieron para ser nuestros padres.

Cuando me di cuenta de que mis padres tenían entre veintitantos y treinta y tantos años cuando nos criaron, me espanté. ¡Eran unos bebés! ¡No lo sabían todo! ¡No estaban seguros de nada! Lo sé porque he cumplido mis veinte y mis treinta años y no sé nada. Usamos humo y espejos, mientras desciframos las cosas tras nuestras puertas cerradas. Además, a veces estamos irritables y cansados de ejercer de padres, y solo queremos ir a casa de nuestra propia madre y tomar una siesta.

Nuestros hijos no saben que somos personas de verdad, pero ya lo descubrirán un día.

Pienso que muchas personas de la iglesia se sienten así con respecto a los pastores. Los percibimos como expertos en todo, superespeciales y un tanto distintos (mejores) a nosotros; y sospechamos que siempre están seguros cuando nosotros dudamos en ocasiones. Además, su tarea consiste en pastorearnos, y este es su principio y su final. Así como los niños no piensan en los padres como personas humanas, suponemos que los pastores existen para pastorear.

Amadas, los pastores son terriblemente humanos. ¿Leíste la carta anterior? La mayoría están luchando, solitarios, abrumados y tristes. Combaten el mismo pecado y las mismas tendencias que tú y son igual de susceptibles a las arenas movedizas de la vida. Sus corazones no son menos tiernos y sus almas menos vulnerables. En ocasiones no están seguros. A veces proyectan autoridad, a la vez que intentan descifrarlo. Pueden pifiarla como maridos, esposas, padres y amigos, y con frecuencia lo hacen. Su lista de «deberes» puede ser paralizante, y la mayoría de los pastores viven con una sensación crónica de decepcionar a las personas.

Ahora bien, es obvio que aceptaron un papel pastoral que viene con responsabilidad. Le responderán a Dios por su cuidado de las almas, y créeme: esa realidad es aleccionadora cuando el «ser humanos» no los exime de un liderazgo humilde y diligente. A quien más se le dio, más se le pedirá, y esto se aplica sin duda al cuidado humano. Pastorear no es un cargo que se deba aceptar a la ligera.

Sin embargo, me pregunto cuánta expectativa se deposita en meros hombres y mujeres. Ellos cuentan con las mismas veinticuatro horas al día, la misma capacidad básica y la misma «vida fuera de la iglesia» que cualquiera: cónyuge, partidos de fútbol, excursiones de pesca, cenas. Algunas de estas son cosa suya, lo sé. Te han dado la impresión de que pueden suplir todas tus necesidades (quizá sin tener ellos mismos necesidades). Quizá tienen una clase, un miembro de personal y un currículo para todo lo que hay debajo del sol, para que todo parezca bajo control. Además, si no son transparentes, su pedestal está protegido.

¡Y eso del pedestal! ¡Qué pesadilla! Por favor no contribuyas en esto. Ha creado algunos monstruos. Cuando la iglesia es menos parecida a una familia y más similar a una empresa, sus líderes actúan menos como pastores y más como comandantes. Esto pone a todos en peligro, a los líderes y a las personas. El maltrato espiritual prospera cuando los pastores son intocables y las personas son productos básicos. Nadie pretende esto, pero el poder absoluto corrompe en todos los entornos humanos. Las cosas correctas se convierten en algo demasiado pequeño —humildad, Jesús, gente corriente de la iglesia, simplicidad— y las cosas incorrectas se vuelven demasiado grandes: los pastores, la jerarquía tóxica, el éxito, las apariencias.

La iglesia en general lleva una pesada carga. Tras cuarenta años bajo los campanarios, estoy convencida de que queremos que la iglesia provea más de lo que se suponía que debía proporcionar cuando fue diseñada. Las expectativas poco razonables dejan a los pastores constantemente agotados (o borrachos de poder), y las personas siempre decepcionadas (o codependientes). La iglesia primitiva implicaba pequeñas comunidades orgánicas que se reunían en torno a mesas, vivían vidas sencillas en misión, y amaban a Dios y a su prójimo. Así era. Los primeros creyentes se congregaban para la renovación y la enseñanza, para comer y para estar juntos. ¡Era tan básico y hermoso! Todos colaboraban, arrimaban el hombro, se entregaban a Dios. La iglesia primitiva no era lujosa ni entretenida, impresionante o complicada, sino que se las apañaba para llevar el evangelio por todo el mundo.

No conozco tus sentimientos sobre la iglesia, pero ¿y si liberaras a tus pastores para que fueran hombres y mujeres corrientes, y a tu iglesia para que fuera una simple familia, y tu vida para dedicarte a amar a Dios y a las personas?

Con esto no quiero decir que minimicemos los daños de la iglesia; ese dolor es real y las heridas de personas supuestamente confiables son profundas. Lo sé personalmente. No me oirás decir: «Un pastor, una persona de la iglesia, o la misma iglesia te hiere, porque solo son seres humanos, así que bla, bla, bla». La propia humanidad nunca es una licencia para herir, en especial para los que están en el liderazgo. Como cualquier organización, la iglesia tiene en su mayoría líderes maravillosos y confiables, y algunos abusones y manipuladores. Desearía que pudiéramos escudar a la iglesia de nuestra humanidad, pero lamentablemente, ambas están vinculadas por completo. Los líderes de la iglesia son viejos pecadores habituales, pero aun así deberían ser examinados con discernimiento. No colocamos a nuestras familias de forma despreocupada bajo la autoridad espiritual. (Mis puntos de control son, en orden: 1) la humildad, 2) la transparencia, y 3) la integridad).

Sin embargo, bajo un líder humilde, integrados con gente corriente que ama a Dios y los unos a los otros, la iglesia puede ser la familia segura con la que Jesús soñaba. De verdad que puede serlo. Sin expectativas poco realistas impuestas por unos sobre los otros, somos libres para crear una hermosa y pequeña comunidad.

Tú eres capaz de tener una vida llena del Espíritu en misión sin la administración constante de la iglesia. ¿Te libera esto de alguna manera? ¿Te ayuda esto a liberar también a la iglesia? Tienes los elementos: aquí tienes tu Biblia, tu prójimo, conocer las palabras para orar, tienes ojos para ver tu ciudad, y el Espíritu Santo mora en ti. Las herramientas del reino ya son tuyas: las Escrituras, una mente inteligente, una mesa de cocina, manos aptas, la capacidad de estudiar y aprender, un corazón lleno de Jesús, un porche, personas de las que aprender, personas a las que amar. ¿Sinceramente? La vida es enrevesada, pero el reino es simple. Nosotros complicamos demasiado los caminos de Jesús.

Ama a Dios, ama a las personas.

Actúa con justicia, ama la misericordia, camina con humildad.

Trata a las personas como te gustaría que te trataran a ti.

Si quieres ser grande, sé un siervo.

En realidad es sencillo: un reino puro vivido de manera ordinaria por gente ordinaria. Soltémonos unos a otros los grilletes de las manos un poco. Nuestros pastores e iglesias nos enseñan y nos congregan, nos desafían y nos lanzan, pero ninguna iglesia sustituye que vivas tu hermosa y valiosa vida en misión. Tú cumples un papel extraordinario a través de medios corrientes, y ningún líder o iglesia pueden hacerlo por ti. No hay conjunto sin las piezas. Si supones que una vida obediente requiere un millar de partes en movimiento, un montón de programas de iglesia, un movimiento internacional, un gran ministerio elaborado o una plataforma gigante, que la descripción que Jesús hizo del reino te alivie: *pequeño, invisible, humilde, semillas diminutas, mayormente escondido.* La fidelidad no es fácil, pero es simple. Ya eres capaz, ya estás posicionado, ya eres valioso en tu vida normal, en tu calle normal, cerca de tus vecinos normales y tu trabajo normal. El sacerdocio del creyente es real.

¿También? La gente de la iglesia son, asimismo, viejos pecadores habituales. Si yo pudiera arreglar esto, lo haría. Pero resulta que la iglesia no es una congregación de nuevos peniques relucientes. ¡Deja que entre cualquiera! Todo tipo de camorrista llena los santuarios: amables y buenos, enojados y cínicos, malos y sentenciosos, inteligentes y divertidos, quebrantados y tristes, raros y torpes, preciosos y amorosos, asustados y heridos, valientes y apasionados, gente de dentro y gente de fuera, novatos y gente que está de por vida, y también los que lo intentan una vez más. Solo un grupo de personas humanas. Cada iglesia tiene todas estas personas. Es el desastre más completo, pero claramente perteneces aquí, porque todos lo hacen. Encuentra tu pequeña tribu de fe (existe) y aprende a amarla con toda la gracia y la humildad de las que te puedas armar.

Si permitimos que las personas sean humanas y que Dios sea Dios, la iglesia tiene una probabilidad de luchar. Si te muestras valiente y veraz, y los líderes hacen lo mismo, si estás en tu sitio y yo en el mío, el reino irrumpirá de todas las formas posibles. Dios es lo bastante grande y bueno para conducirnos a todos, y juntos podremos ver venir su reino en la tierra como en el cielo.

CAPÍTULO 23

Si estuvieran por aquí las redes sociales

Hace mucho, en los viejos tiempos, yo tenía un álbum de recortes. (¿Lo puedes creer? ¿No te parece que no pega conmigo?) Pues lo tenía. Tomaba veinticuatro fotos desenfocadas por rollo (eran esa «película enrollada» que se usaba para meterla dentro de las «cámaras»), los llevaba a revelar a la tienda Walgreens, y acababa con cuatro fotos mediocres que yo recortaba en triángulos y pegaba en álbumes libres de lignina, en páginas temáticas. Además de recortar todas las fotos de cuando mis hijos eran bebés en forma de corazón y cubrirlas de pegatinas (necesito terapia), el mayor inconveniente era no tener forma de jactarme de mis bebés. Y es que las redes sociales no existían. (Jóvenes, nos comunicábamos a través de lo que llamábamos «teléfono particular», escribíamos lo que se conocía como «cartas», y grabábamos la mañana de Navidad con «filmadoras gigantes que solo los hombres podían levantar»).

Ahora, aquí en el nuevo mundo, he sido una completa adicta al Facebook desde que Mark Zuckerberg decidió que el dinero era más importante que reunirse torpemente con sus compañeras de clase. Una vez abiertas las puertas de su creación, enseguida me convertí en esa madre que se quejaba de su horario, compartía fotos de las galas de *So You Think You Can Dance* y ~~espiaba~~ me unía a mis hijos adolescentes.

No mentiré: me encantan las redes sociales. Me han conectado, reconectado y presentado a algunas de las personas más divertidas, inteligentes, creativas e interesantes sobre la Tierra. También me han devorado tropecientas mil horas que debería haber usado para escribir, hacer ejercicio e impedir que mis hijos se golpearan entre sí con palos. Es un lugar de increíble afirmación (¡Oh! ¡Les gusto!), e impensable menosprecio (¡Oh! ¡Me desprecian!), así que tengo una relación de amor-odio con el medio. Pero siempre dejaré a un lado lo que esté haciendo para ver vídeos de gatos corriendo por suelos de madera.

También me encanta sumergirme en las publicaciones de hace un mes o un año, que inundan de inmediato mi mente de recuerdos, me hacen reír a carcajadas al ver las fotos, y de vez en cuando suprimir un comentario demasiado sincero. (PD: La información sobre la ovulación no pertenece a Twitter. No hay de qué). Lamentablemente, en la reminiscencia electrónica solo es posible remontarse hasta el 2004, año en el que vieron la luz las redes sociales. Antes de esto, solo tenemos fotografías granuladas en forma de estrella en los álbumes de recortes. La barrera digital a mi pasado hace que siga formulando grandes preguntas, tales como: «¿Me habría seguido Simon Le Bon en Twitter?» o «¿Cuántos "me gusta" habría generado mi foto de graduación de octavo grado?» o «¿Habría destruido Tinder —esa aplicación que facilita encuentros entre pretendientes en potencia— la infraestructura de citas románticas delicadamente equilibrada que marcó a la Universidad Bautista de Oklahoma a principios de los noventa?».

En un mundo en el que todo está conectado a Bluetooth y una batidora puede HACER SOPA (VitaMixers, estoy *así* de cerca de subirme a tu carro), sin duda alguna alguien inventará una forma de volcar las cajas de zapatos, los diarios y los álbumes de fotos anteriores al 2004 en alguna trituradora de madera digital, para invertir la ingeniería de nuestras vidas en las redes sociales. Cuando por fin lo hagan, estoy prácticamente convencida de que mi historia primitiva en las redes sociales se vería más o menos así:

Jen King@JenKing—25 de enero de 1984—Houma, LA

¡La iglesia le compró un ordenador a papá! ¡Es como si fuera el año 2000! No tiene ni idea de cómo usarlo, pero no importa. Es pequeño —solo pesa doce kilos. #FORTRAN #PapáDejadeMaldecir

Jen King@JenKing—30 de septiembre de 1984—Houma, LA

Papá entrenador me hizo lanzar otra vez, porque Jennifer S. no le atinaba ni a un elefante aunque lo tuviera delante. Cara sucia, porque la SUCIEDAD SE ADHIERE A LAS LÁGRIMAS. Cubierta de polvo naranja oscuro. #ElPeorColordelMundo

Jen King@JenKing—22 de mayo de 1987—Houma, LA

Papá y mamá en la iglesia durante HORAS. Estoy en casa cuidando de los niños. ¡UF! #ExplotaciónInfantil Lindsay no deja de pedir comida cajún. Ya entiendo. Vivimos en Houma. #HazlaTú

Jen King@JenKing—13 de abril de 1989—Haysville, KS

¡Lo he pasado fenomenal con el grupo de jóvenes! #FielALasReuniones ganó las parodias con mi imitación de Paula Abdul. #EnSerio

Jen King@JenKing—27 de enero de 1991—Haysville, KS

Trabajando en la rutina de competición de porristas. Jennifer M. llegó tarde *de nuevo*. ¡TIENE que tomarse esto en serio! ESTO ES SUMAMENTE RELEVANTE E IMPORTA PARA SIEMPRE.

 Jen King@JenKing—13 de octubre de 1991—Haysville, KS

ODIO las clases de mecanografía. ¿Cuándo usaré esta estúpida habilidad? Como si fuera a mecanografiar para vivir. #sicomono #Apple2eBLAH

 Jen King@JenKing—16 de mayo de 1992—Haysville, KS

¡Aceptada en la Universidad Bautista de Oklahoma! No estoy segura de dónde queda Shawnee, pero tiene que ser mejor que Haysville. #Libertad #LaGranAventura #EnsillenSusCaballos

 Jen King@JenKing—28 de julio de 1992—Haysville, KS

¡Mamá me llevó hoy de compras y me compró pantalones con peto! ¡No puedo esperar para ponérmelos en la universidad! Con un tirante colgando, por supuesto. #EstiloWillSmith #LaNuevaPrincesa

 Jen King@JenKing—16 de agosto de 1992—Shawnee, OK

¡Mi primer día en la UBO! ¡Tengo mi RX7, una nueva permanente, y HAY CHICOS POR TODAS PARTES! #PorElAmorDe... ¡No puedo esperar para llamar a mamá a cobro revertido y contarle todo!

 Jen King@JenKing—21 de octubre de 1992—Shawnee, OK

Ese tipo, Brandon, sigue apareciendo dondequiera que estoy: la sala de correo, cualquier iglesia que pruebo, la cafetería. Yo lo llamo #ChicoDelPolo

Jen King@JenKing—14 de febrero de 1993—Shawnee, OK

Brandon y yo escribimos cartas a diario. NUNCA dejaremos de hacerlo. Siempre será algo nuestro. POR FIN HE ENCONTRADO AL AMOR DE MI VIDA. #EstaciónDeBomberos

 Jen Hatmaker@JenHatmaker—31 de diciembre de 1993—Wichita, KS

¡Nuestra boda ha sido DE ENSUEÑO! Colores: verde bosque y burdeos, por supuesto. Vestidos a media pierna para las damas de honor. Nada de alcohol en la recepción. #Bautista #AdemásTengo19

 Jen Hatmaker@JenHatmaker—12 de diciembre de 1994—Shawnee, OK

Celebrando nuestro primer aniversario de boda estudiando para un examen sobre temas de actualidad. Nueva constitución en Etiopía. #LoQueSea #NildeaDeDóndeQueda

 Jen Hatmaker@JenHatmaker—14 de mayo de 1996—Shawnee, OK

Creo que mamá está genuinamente sorprendida de que me haya graduado hoy por la UBO y que sea #AhoraMaestra #NoEmbarazada

 Jen Hatmaker@JenHatmaker—8 de junio de 1996—Tulsa, OK

¡Contratada para enseñar al cuarto grado en Jenks East, Tulsa! ¡Me dan setenta y cinco dólares para gastar en los suministros para todo el año! ¡Debería ser mucho! #fantasía #CarsonDellosa

 Jen Hatmaker@JenHatmaker—10 de septiembre de 1996—Tulsa, OK

¡Apuesto a que a mis estudiantes y sus padres les ENCANTAN estos paquetes de estudios sociales semanales! ¡Hablando del tiempo de aprendizaje de calidad juntos! ¡No puedo esperar para hacer los deberes con mis hijos un día!

Jen Hatmaker@JenHatmaker—23 de junio de 1997—Tulsa, OK

¡Ha acabado la escuela! Justo a tiempo para acompañar al grupo de jóvenes de Brandon al campamento. #SinDescanso ¿Quién vende bañadores de una pieza en Tulsa? #ElRecatoEsSexy

Jen Hatmaker@JenHatmaker—1 de julio de 1997—Tulsa, OK

¡El campamento de jóvenes fue asombroso! Montones de lágrimas durante la Noche de Confesión del Círculo de Velas de Oración y setenta y nueve personas que han vuelto a dedicar sus vidas. Ahora todos somos #FanáticosdeJesús. #DCTalk

Jen Hatmaker@JenHatmaker—4 de septiembre de 1997—Tulsa, OK

No estoy diciendo que estos alumnos de cuarto grado me den ganas de vomitar, pero es el tercer día que devuelvo antes de clase. ¡Uf! Esta gripe también está haciendo que me duelan los pechos. #rara

Jen Hatmaker@JenHatmaker—20 de septiembre de 1997—Tulsa, OK

Brandon sencillamente no me entiende EN ABSOLUTO y dar clase es TAN DIFÍCIL, y si estoy llorando NO QUIERO QUE ME DIGAN QUE NO LO HAGA. #MeSientoTristePorTODO

Jen Hatmaker@JenHatmaker—30 de septiembre de 1997—Tulsa, OK

Chicas, hoy me quedé dormida SOBRE EL ESCRITORIO. Los alumnos me despertaron. Odm. Es como si no pudiera llegar más allá de las seis de la tarde. He buscado el cáncer de pecho en Microfichas. #síntomas

Jen Hatmaker@JenHatmaker—9 de octubre de 1997—Tulsa, OK
CHICAS, NI EN UN MILLÓN DE AÑOS IMAGINARÁN LO QUE
ESTOY A PUNTO DE DECIRLES. Hablo en serio. Nadie lo vio
venir... #NoTienenNiIdea #Perpleja

Jen Hatmaker@JenHatmaker—21 de marzo de 1998—Tulsa, OK
Si mi vientre crece más, podría necesitar mi propio
código postal. Si Hasbro vendiera un kit para hacerse
la cesárea en casa, compraría uno AHORA MISMO.
#LaBásculaMeHaceLlorarLágrimas

Jen Hatmaker@JenHatmaker—9 de abril de 1998—Tulsa, OK
RT @BrandonHatmaker ¡HICIMOS UN BEBÉ Y HA NACIDO!
¡VA A VIVIR CON NOSOTROS! #GavinJoseph

Jen Hatmaker@JenHatmaker—11 de julio de 1998—Tulsa, OK
Mi diminuto bebé acaba de destruir todo el asiento trasero
con una explosión de caca. Ha sido algo sobrenatural.
Hemos tirado el asiento del bebé para el auto. #Irrecuperable
#ConduzcoUnaCloaca

Jen Hatmaker@JenHatmaker—13 de agosto de 1999—Corpus Christi, TX
¡Doy clases a alumnos de primer grado (????) en Luther Jones,
Texas! Primer día: escribí mi nombre en la pizarra y un niño dijo:
«Señorita, no sabemos leer». #ODM #EnvíaAyuda

Jen Hatmaker@JenHatmaker—2 de septiembre de 1999—Corpus Christi, TX
Texas pone estrellas en todo. Autopistas, envoltorios de
hamburguesas, tatuajes en el cuerpo. Jamás me contagio de
esa manía. #ObsesionaMucho

Jen Hatmaker@JenHatmaker—19 de septiembre de 1999—Corpus Christi, TX
Oh estrellas mías, como no consiga una hamburguesa con
queso de Wendy en los próximos cinco minutos VOY A
COMETER UN VERDADERO ASESINATO.

 Jen Hatmaker@JenHatmaker—28 de septiembre de 1999—Corpus Christi, TX
No puedo dejar de llorar. Es como si el mundo fuera tan duro.
¿Para qué? A nadie le importa. Todos vamos a morir y nadie
nos recordará. #triste

 Jen Hatmaker@JenHatmaker—3 de octubre de 1999—Corpus Christi, TX
Como si tuviera que creer una prueba de embarazo de cuatro
dólares. Como si Dios quisiera darme dos bebés que lleven
pañales al mismo tiempo. #PorElAmorDe...

 Jen Hatmaker@JenHatmaker—13 de febrero de 2000—Corpus Christi, TX
Hemos comprado una pequeña casa que necesita reparación.
De no ser porque mis instintos de anidación estaban
embravecidos, renovar esa casa con Brandon sería una
pesadilla. #NuncaMás

 Jen Hatmaker@JenHatmaker—23 de marzo de 2000—Corpus Christi, TX
Amado Señor RT @BrandonHatmaker Si hay una forma de
amar más a un bebé niña, quiero verla. Soy el capo de escoger
una esposa y de engendrar bebés. #SydneyBeth

 Jen Hatmaker@JenHatmaker—15 de julio de 2000—Corpus Christi, TX
La casa está acabada, Corpus Christi es hermoso, el trabajo
de Brandon es estupendo, Sydney duerme toda la noche.
#Perfección #QuédateParaSiempre

 Jen Hatmaker@JenHatmaker—1 de octubre de 2000—Corpus Christi, TX

Adivinen quién se está mudando a esa Sodoma y Gomorra infestada de hippies conocida como Austin. Nosotros. Yo=Jonás, Austin=Nínive #FalsoHurra

---

 Jen Hatmaker@JenHatmaker—3 de marzo de 2000—Austin, TX

QUERIDO AUSTIN, SÉ MI NOVIO. Tacos para desayunar. Música por todas partes. Gente estupenda. ¿He mencionado los tacos para desayunar? #MiCiudad #Enamorada

---

 Jen Hatmaker@JenHatmaker—2 de julio de 2001—Austin, TX

Compré entradas de temporada para el fútbol americano de Texas en vez de pagar la factura eléctrica. Repartiendo propaganda de Austin. #MeContagiéDeLaManía #MúdenseAquíFamilia #TengoASusNietos

---

 Jen Hatmaker@JenHatmaker—24 de agosto de 2001—Austin, TX

La escuela abrió de nuevo y yo no he vuelto. @BarlowTrina medicando mis síntomas de retirada como maestra con mimosas de estraperlo. #SeProhíbeLaBebidaParaElPersonalDeLaIglesia #AmaDeCasa

---

 Jen Hatmaker@JenHatmaker—16 de octubre de 2001—Austin, TX

Brandon me encontró hoy con Gavin y Sydney llorando sobre el suelo de la cocina. ÉL NO CONOCE MI VIDA. Echo de menos el trabajo por el que te pagan. Soy una madre terrible. Me duelen los pechos. #triste

---

 Jen Hatmaker@JenHatmaker—4 de junio de 2002—Austin, TX

¿De veras? RT @BrandonHatmaker Recientemente celebramos que Jesús abandonara la tumba. Hoy, mi nuevo hijo Caleb ha salido de la matriz. #TresYDesdeLuegoSeAcabó

Jen Hatmaker@JenHatmaker—22 de mayo de 2003—Austin, TX
Tres niños en casa. Dirigiendo otro estudio bíblico. Maridito
trabajando setenta horas/semana en el ministerio. ¿Cómo
puedo llenar esos cinco minutos de tiempo libre diario?
#TipoDeFuenteSarcasmo

 Jen Hatmaker@JenHatmaker—30 de junio de 2003—Austin, TX
Pensando en convertir mi estudio bíblico en... algo. ¿Como un
panfleto? ¿Tal vez un folleto? ¿La imprenta en la esquina hará
encuadernaciones? ¿Puedo pedir una máquina de escribir
prestada? #SinOrdenador

 Jen Hatmaker@JenHatmaker—22 de enero de 2004—Austin, TX
LA VIDA ES ABSURDA. Quieren publicar mi folleto. Creo que
tengo solo un libro dentro de mí y #EstoEsAntes de volver
#ALaEnseñanza #DéjaleLoDeEscribirABethMoore

 Jen Hatmaker@JenHatmaker—17 de febrero de 2004—Austin, TX
Estoy disfrutando de veras este escribir productivo
ininterrumpido, pero le voy a echar un vistazo a esa cosa del
Facebook para ver si conozco a alguien... #pequeñodescanso

Capítulo 24

Notas de agradecimiento (Parte 4)

Gracias, Marido Enfermo, porque lo que yo pensé errónea-
mente que sería un resfriado con fiebre menor es, al parecer, algo
más cercano al principio de la Peste Negra con un toque de enfermedad hepática. Según tus indicaciones, presentas los síntomas
de la pandemia de Europa alrededor del 1300 A.D. ¡Deberíamos
alertar a los Centros para el Control y la Prevención de Enferme-
dades! Quiero decir, claro, que yo me las arreglé la semana pasada teniendo que llevar los chicos nuestros más los de los vecinos
a la escuela, preparar la cena, ayudar a los niños con los deberes
y llegar a las prácticas de cuatro niños estando YO enferma de
amigdalitis y la gripe, pero TÚ quedate en la cama porque te
molesta la garganta. *No queremos que los niños se contagien.*

Gracias, Escritores de Correos Basura, porque he sentido
curiosidad por tener noticias de Jugo_de_Trasero_Sorbido sobre
mi publicación sobre cómo ejercer de padres con niños cuya
segunda lengua es el inglés. Me encanta tu forma de hacer que la
conversación fluya naturalmente al escribir, con un montón de
faltas: «Saludos,Mi nombre es JUAN, estoy muy interesado en

comprar su {lo que sea que quiera vender},me gustarías que me diera el precio FINAL DE VENTA y la última condición, tengo un transportista de confianza que se ocupa del envío de todas mis mercancías. De modo que porfis me responda a este correo electrónico para poder lo concluimos el trato. Chao Chau,Juan». Tal vez las estrategias de aprendizaje del inglés que debatí en el artículo podrían serle de ayuda. Gracias de todos modos, No Interesada en Convertirme en una Compradora Incógnita en Paquistán.

Gracias, Grandes Almacenes, por las parpadeantes luces fluorescentes, la deslucida pintura amarilla de las paredes y los espejos ajustables del probador cuando me estoy probando bañadores. Son ustedes la razón por la que bebo.

Gracias, Los Que Responden por Responder-A-Todos, porque me encanta recibir cincuenta correos electrónicos que dicen: «¡Enhorabuena!» o «¡Estoy orando!» o «Besos» o «Muchas gracias, Obama». Desde luego, mi dedo de borrar está ahora lo bastante fuerte para todos esos movimientos que aprendí en la clase de autodefensa. Potencialmente has salvado mi vida. (Nota aparte: gracias, papá, por los reenvíos tan útiles sobre el control de armas de fuego. Has dado en el clavo en cuanto a las preocupaciones políticas principales de tus tres hijas adultas).

Gracias, Camas Elásticas, Castillos Inflables y Dinámicas Clases Aeróbicas, por el recordatorio de haber traído al mundo múltiples hijos. Por si no tuviera bastante con la falta de sueño, las células cerebrales que me faltan o el demacrado aspecto de mami, pones de manifiesto mi nueva carencia de control sobre mi vejiga. No, no quería llevar estos pantalones todo el día. Permítanme que busque en mi montaña de ropa lavada a ver si encuentro alguna parte inferior de biquini que ponerme ya que los veinte pares de ropa interior que compré antes del 2003 —cuando la ropa interior me preocupaba— están todos sucios.

Gracias, Mi Aplicación de Música Spotify, porque de no ser por tus astutas actualizaciones de Facebook mis amigos no sabrían que acabo de escuchar *Jock Jams*. Sinceramente, Una Madre Preparada Para La Pelea.

Gracias, Artistas del Sándwich de la Fiambrería, por siempre usar guantes ya que, en realidad, me siento mucho mejor con respecto a la integridad del fiambre después de que abrieran y cerraran la puerta del horno, limpiaran los mostradores con su trapo sucio y levantaran la tapa del cubo de basura cinco veces mientras confeccionaban mi sándwich. Porque llevas puestos tus guantes sanitarios. Está bien. Lo que sea. Ese jamón no parece cortado de un cerdo local recién masacrado a manos de un jefe de cocina cualificado. Ni siquiera hay una cocina en funcionamiento aquí, a menos que cuentes la cámara de congelación. Que yo sepa, la única «cocina» que se hace aquí implica un microondas y un tostador. Solo dame mi bocadillo. Tomo vitaminas.

Gracias, Club de Lectoras, por permitirme a mí y a mis amigas mantener la fachada de seguir siendo geniales, inteligentes y leer libros, cuando en realidad solo bebemos vino y comemos. Por favor, no se lo digas a nuestros maridos, porque hacemos que parezca una estimulación puramente intelectual.

Gracias, Cuestionarios de Facebook, por ayudarme a identificar mi espíritu de princesa Disney, el nombre de mi viejo yo, mi desorden mental y el color de mi alma. Todo en una sola tarde. Todo lo Mejor, Ariel Harriet Esquizofrénico Malva.

Gracias, Vaqueros Pitillo para Hombres, por hacer que los muchachos se crean que se parecen a Justin Timberlake, cuando la mayoría de ellos está más cerca de parecerse a Gru de *Mi villano favorito*.

Gracias, Disney, por hacer que mi hija piense que el único buen principio para un argumento de juego es matar a la madre. También le presentaste a mi hijo pequeño a Mowgli, el niño de la selva. Él necesitaba una buena excusa para correr por todas partes en calzoncillo con fácil acceso a sus partes masculinas. Sinceramente, Madre A La Que Le Gusta Decir «Deja De Tocarte El Pene».

Gracias, Canal Familiar ABC, por su programación «accesible para toda la familia». Siempre dejo que mis hijos sintonicen sus programas que presentan a mentirosos, zorras y asesinos. No estoy del todo segura de cuál es su definición de «accesible para toda la familia», pero un complot en la escuela secundaria para matar a la sorda hermanastra gay no confesa de la reina del baile me parece una exageración. Sean más restrictivos, chicos.

Gracias, Taco Bell, por saber que un centenar de paquetitos de salsa y cero servilletas son el número perfecto de cosas que tienen que poner en mi bolsa.

Gracias, Pollo Asado y Verdura Congelada, por ser la cena de último minuto que dice que me preocupo. Un poco.

Gracias, Todo Tipo de Ropa de Bebé. Eres tan linda y pareces tan inocente, pero eres muy astuta con tus botones de presión que se necesita un título en ingeniería y tus calcetines que NO ESTÁN HECHOS PARA UN PIE DE BEBÉ. Eres tan linda que para cuando mi bebé que no deja de gritar está vestido, ha escuchado más palabrotas que en un especial de Dane Cook. Gracias, marca de Circo. ¡Mi bebé se ve tan precioso! ¿Para qué sirven estos cuellos caprichosos y estos botones de presión en la entrepierna? Te saluda atentamente, Sudorosa.

Gracias, Recaudadores de Fondos Escolares, por hacer que mis hijos piensen que no pueden vivir sin esos juguetes de veinticinco centavos que ustedes dan como «recompensa» por vender papel de envolver, salsas y mermeladas por valor de seis mil dólares. Cuando invaden ustedes su escuela con su música energética de cancha de baloncesto a todo volumen y van vendiendo sus mercancías, es básicamente extorsión. Cada año tengo que decirles a mis hijos que de ninguna manera, bajo ningún concepto, van a ganar un paseo en limusina para ir a un concierto de Taylor Swift vendiendo velas. ¿Podríamos dejar de hacer esto?

Gracias, Mujer Que Me Arreglas Las Uñas, por preguntarme siempre de un modo triste y nada sutil si me gustaría que me arreglaras también las cejas.

CAPÍTULO 25

Queridos cristianos, dejen de ser patéticos

Basado en un intercambio real de Facebook:

YO: Facebook, te amo. En el último mes que hemos pasado juntos he construido una casa diminuta para un exresidente sin techo de Austin, he recaudado cincuenta mil dólares para Help One Now, y me he comprometido al apadrinamiento de cuatrocientos niños en Etiopía. ¡Qué buena obra para el reino! Son ustedes asombrosos. Son mi gente.

COMENTARISTA ALEATORIO: Bueno, ¿dónde está el evangelio, Jen? He seguido tu blog y tu página de FB durante varios meses, y NO HAY EVANGELIO. Imagino que sencillamente «me lo he perdido». Tienes muchos seguidores y deberías tomarte esto muy en serio. Tienes una mayor responsabilidad y responderás de tu influencia.

Esto hace que quiera empaquetar a mi familia y mudarme a Suecia. Sinceramente, amo a Jesús, pero a veces sus seguidores me producen jaqueca. Y en vez de ser más paciente, me estoy volviendo intolerante. En realidad, todo el mundo está que echa chispas; y esa frustración se está convirtiendo en indiferencia. *Vaya, otra cristiana que actúa como un portero moralista. ¿Qué nos importa? Adelante.*

Esto ha dejado de ser una conversación opcional. Nos la hemos pasado tratando esta conducta como lo hacemos con el Loco Tío Paco que se comporta como un paleto racista (pero, sabes qué, es Tío Paco, y sin daño no hay castigo, siempre y cuando no descubra nunca las redes sociales). La cuestión ya no es trivial ni inconsecuente. Estamos perdiendo influencia en nuestra cultura, y la razón ni siquiera es un misterio. Las personas explican claramente por qué están abandonando la fe o están demasiado asustadas de acercarse a ella. Una de las principales razones es esta:

Los cristianos.

Me doy cuenta de que el éxodo masivo es polifacético y merece un análisis justo, pero el denominador común es tan abundante que tenemos que afrontarlo. En particular, debido a que otros factores —una cosmovisión postmoderna, las culturas religiosas cambiantes, los obstáculos generacionales, los cambios en la dinámica familiar tradicional— son alteraciones sísmicas que escapan ampliamente a nuestro control. Estas conversiones culturales están ocurriendo dentro *y* fuera del cristianismo y son necesarias para evaluar y comprender.

Sin embargo, tratarnos mal unos a otros no es un factor que los cristianos podamos obviar.

Este te pega en plena frente.

Escucha, entiendo que soy, como me llama mi amiga, un Imán Cristiano Para el Criticismo (un término tan bonito), porque un número desproporcional de personas leen mis palabras. Lo entiendo. De verdad que sí. Una medida adicional de cristianos anuncia lo mediocre que soy como madre, viviendo, dirigiendo y hasta cocinando. Atraigo una concentración de crítica, y sinceramente, puedo soportarlo. Claro que puedo. (Dios obró un milagro en mí, una Antigua Complaciente, para que pudiera salir de la cama por las mañanas). No estoy obrando guiada por sentimientos heridos, amada lectora, porque la mayoría de ustedes son el deleite de mi corazón. Además, ustedes vigilan al loco por mí, así que ¡choquen ese puño!

Esto me supera. Es mi vecina con los ojos llenos de lágrimas ante mi invitación a que me acompañe a la iglesia, y diciendo: «¡Oh no! Veo cómo te hablan los cristianos y tú eres la chica de su afiche. Me destrozarían. Les tengo terror». Esta es la siguiente generación que llora por sus amigos gays y sus compañeros de clase, que rechazan a la iglesia que difama a toda una comunidad. Esta es mi inteligente y divertida amiga que vive en soledad, porque sus «amigos» cristianos la hirieron y la avergonzaron, y a ella le asusta volverlo a intentar.

Vivimos en Austin, una ciudad increíblemente apartada de la iglesia que yo amo. Nuestra comunidad es tan secular que estoy desconectada del paquete cristiano homogéneo y en sintonía con la perspectiva de los de afuera. (*Los de afuera* es un término que se presta a equívoco, ya que en nuestro país hay aproximadamente un sesenta y cinco por ciento de personas que no van a la iglesia. Me parece que una mejor expresión sería «La mayoría de la gente»). Estamos aquí en una época de urgencia. El camino de Jesús no se está sosteniendo, y suponer otra cosa es un arrullo peligroso que nos pondrá a dormir mientras nuestras comunidades tropiezan y luchan. Solo la negación decidida podría calificar nuestra subcultura cristiana como saludable.

Debido a que *todo no está bien en realidad*, es hora de volverse humilde, amando a los vecinos y al mundo que nos teme y nos rechaza. Esto no es acerca de ser querido o popular, ni de un evangelio suave que prefiere la armonía sobre la redención. Esta es la verdad: si estamos impidiendo que otros busquen a Jesús, esto constituye una crisis en toda regla. En última instancia, el rechazo de los cristianos predica el rechazo de Jesús, y si esto no nos aflige, no hemos entendido nada. Jesús intentó grabar esto en nosotros. Es decir, estaba obsesionado con ello.

«De este modo todos sabrán que son mis discípulos, si se aman los unos a los otros» (Jn 13.35).

«Yo en ellos y tú en mí. Permite que alcancen la perfección en la unidad, y así el mundo reconozca que *tú me enviaste y que los has amado a ellos* tal como me has amado a mí» (Jn 17.23, énfasis añadido).

La mujer junto al pozo.

El buen samaritano.

Bartimeo el ciego.

La viuda pobre.

Zaqueo.

Existe una clara correlación entre cómo nos tratamos unos a otros y cómo se sentirá un mundo que observa con respecto a Jesús. ¿Qué deberían deducir nuestros vecinos de nuestra amorosa bondad los unos hacia los otros? Uno, que obviamente le pertenecemos a Jesús, porque ¿qué otra explicación existe para una comunidad tan hermosa? Debería ser tan convincente que los demás lo interpretaran como algo sobrenatural: *esta gente debe pertenecerle a Dios*. Y, según Jesús, la tarjeta de presentación de Dios es el amor. Si las personas no reconocen que Dios es bueno con solo observar a su pueblo, nos habremos desviado de forma trágica.

Dos, que Dios ama a su pueblo, porque ¿cómo podrías explicar semejante conducta? *Estas personas son gente amada, y si están emulando a su Salvador, debe ser un buen Salvador.* Las personas amadas perdonan y alientan, sirven y edifican, porque son preciosas para alguien. Viven dentro de un paradigma ridículo de «los demás primero» que solo la gente segura y amada puede conseguir. Dios ama mucho a estas personas y esto las convierte en una especie loca. ¿De qué otro modo podríamos entender esta bondad? *¿Y podría esto significar que Dios también me ama a mí?*

Que un mundo que observa esté tan lejos de estas conclusiones me aflige infinitamente. ¿A qué distancia está este reino tangible? Cuando les pregunto a mis amigos no cristianos qué conclusión sacan al observar a los cristianos, su respuesta es tan diferente de la descripción anterior que podría llorar durante días y días. La cultura secular reconoce nuestra teología, pero están tristemente confusos sobre nuestro amor, y esto significa que, por desgracia, nosotros los hemos confundido con respecto a nuestro Dios.

Hablaremos más tarde de amar a nuestros vecinos, pero debatamos primero el amarnos unos a otros. Hay mucha instrucción en el Nuevo Testamento sobre amar a los hermanos y hermanas en la fe. Cada escritor sin excepción mencionó su gravedad. No se trata tan solo de nuestro testimonio, sino también de nuestra recompensa. ¡Qué tesoro recibimos junto con la salvación! Los solitarios, los marginados, los enfermos y los tristes heredan una familia. Obtenemos madres, padres, hermanas y hermanos. Se nos da la bienvenida en torno a mesas y se nos invita a los corazones y a los hogares. No padecemos en nuestro lecho de enfermedad sin compañía; no hay tragedia que soportemos solos. Maestros, mentores, amigos fieles, se hacen nuestros. Esto es parte integrante de la salvación. Dios creó una familia completa con nosotros, y cosechamos los beneficios. ¡Qué ventajas tan descabelladas!

¿Por qué esta realidad no es para tantas personas?

Dado que hay una desconexión atroz para tantos viajeros cansados, ¿podemos debatir juntos el fallo? Aquí estamos hablando de la eternidad, así que la situación es bastante grave. Fe, Jesús, almas; todo esto es sustancial y queremos con desesperación hacerlo bien. Tenemos este antiguo texto transmitido en una cultura que no es como la nuestra, y queremos tomar las palabras y las historias y hacer las cosas bien por medio de ellas. Las queremos vivas y veraces en nuestra generación. Queremos que se diga de nosotros que fuimos fieles.

Sin duda estas son metas nobles. Pero desde mi punto de vista, detecto a un villano familiar: el temor.

Tendemos a formular lo misterioso, optando por un evangelio más manejable que el salvaje e impredecible que tenemos. Nos habría gustado uno con bordes más claros y mejores límites, porque ¿quién puede imaginar a un Salvador nacido en un establo que lavó los pies de sus seguidores antes de morir por la gente que lo odiaba? ¿Quién puede seguir a Jesús por los caminos que él anduvo? La iglesia primitiva era un puro lío. Los «héroes» de la Biblia de Dios eran un desastre. La teología se malinterpretó de forma constante después que el carpintero nazareno enturbiara un agua que con anterioridad había parecido clara.

No es de sorprender que la humanidad haya preferido el legalismo desde hace ya mucho tiempo, porque implica un territorio más claro. Dame una regla al día. Dame claras directrices para «entrar» y para «salir», porque las fronteras hacen que me sienta segura. Si puedo marcar los límites, estaré tranquila en cuanto a mi estatus como «persona de adentro», la posición que me siento obligada a defender, lo único de lo que puedo estar segura. Quiero comparecer delante de Dios habiendo hecho las cosas bien.

Este mecanismo acaba por crear un temor visceral: ¿estoy comprendiendo esto *lo suficientemente bien*? ¿Entiendo a Dios de una manera correcta? ¿Es mi teología precisa? ¿Estoy complaciendo a Dios? ¿Estoy desterrando la duda? ¿Puedo defender mis posiciones? ¿Son sensatos mis temas de debate?

Por desgracia, la senda más fácil para satisfacer las respuestas implica confirmar la posición de los demás como gente de afuera. Es un truco barato, desde luego, pero eficaz. Si puedo criticar duramente tus interpretaciones y tradiciones, mi lugar estará mejor asegurado. No importa si estas cuestiones son por completo periféricas; solo reconforta que sean «correctas» o «erróneas».

La verdad es que Dios ha redimido al mundo en todas las culturas, países, poderes mundiales, sistemas, órdenes religiosas, corrientes, movimientos y corazones humanos desde el principio de los tiempos. Sus caminos escapan por completo a nuestra comprensión. Por supuesto, conozco a Dios y le amo en mi contexto, porque es el único que conozco; y me siento agradecida de que él me encontrara aquí. Pero ha rescatado a gente dentro y fuera de la iglesia, dentro y fuera de las religiones, y dentro y fuera de las tradiciones desde el origen de los tiempos. Él obra en maneras verdaderamente misteriosas que no conoceremos hasta llegar al cielo. Y es probable que nos choquen.

También sospecho que «hacer las cosas bien» no es el orden más alto de Dios. La Biblia elevó constantemente el amor por encima del conocimiento, la misericordia sobre el sacrificio. El conocimiento es un compañero de cama complicado, porque en ocasiones nos puede servir de escudo frente al evangelio. La Doctrina es un terreno más limpio que la carne y la sangre. De todos modos, es indudable que ningún ser humano compareció jamás delante de Dios «habiéndolo hecho todo bien». Ni uno. Ni siquiera sabemos lo que desconocemos. ¡Nuestros puntos ciegos son tan terriblemente ciegos! Algunas de las cosas correctas más correctas se convirtieron en errores. Algunos de los teólogos más exactos se encuentran en lados opuestos de la doctrina. Algunos de los líderes más adecuados quebrantan a las personas a raíz de su intelecto.

¿Podría implicar el más alto nivel de «teología correcta» amar a Dios y a las personas como Jesús sugirió?

El temor nos convierte en hermanos y hermanas terribles. No tenemos por qué quedar por encima los unos de los otros. Sin duda alguna debemos tratarnos, en cualquier caso, como familia. Nuestros hermanos y hermanas en Cristo no necesitan otro padre o madre; tienen a Dios. (Como les digo a mis hijos más o menos cada segundo: «Si necesito tu ayuda para ejercer de madre, te la pediré»). La forma condescendiente en que nos hablamos los unos a los otros —nos corregimos en público, nos sacamos faltas y nos criticamos, nos cuestionamos y nos desaprobamos, sin aplicar el beneficio de la duda— es sencillamente repugnante. Por esta razón muchos observadores pasan totalmente por alto a esta familia.

Como ocurre en cualquier familia, tenemos asuntos que resolver. No estoy sugiriendo que abandonemos las conversaciones difíciles o que ignoremos a un hermano o una hermana que se va directamente hacia el arroyo. Debemos enseñarnos y guiarnos unos a otros, pero debería ser una obra fiel, amorosa, entre compañeros de la vida real que se han ganado el derecho de hablar sinceramente. Debería implicar debates privados cubiertos de dignidad y gracia, priorizando la comprensión en la misma medida que la instrucción. No debería incluir petulantes disparos de piedad que convierten a un hermano o una hermana en una víctima.

Espero que el mundo vea una comunidad con los brazos abiertos, que consuela, acoge y parece decidida a edificarse los unos a los otros. Espero que nos encuentren amables y generosos, comprometidos y leales. La iglesia me educó, me sostuvo con fuerza y sigue siendo mi familia constante; y no tengo la más ligera idea de dónde estaría sin ella. ¡Ojalá demostremos amor en lo grande y en lo pequeño, y que ese amor alcance a personas acostumbradas a ser avergonzadas o ignoradas! Las estrellas brillantes no deberían captar toda la atención; busquemos a aquellos cuya luz se ha atenuado, porque no somos una tribu de supernovas, sino de luz constante y colectiva.

Tratémonos bien unos a otros, dejando más lugar para todo tipo de granujas. No necesitamos confundir la unidad con la uniformidad; podemos tener lo primero sin lo segundo. La anchura de la familia de Dios es misericordiosamente amplia. Al parecer, la gracia no tiene discernimiento. Jesús creó un equipo variopinto, arrancándonos de todo contexto e inaugurando un clan poco sistemático que solo ha funcionado con misericordia. Deberíamos estar agarrando manos, echando la cabeza hacia atrás y riendo, porque Dios nos salvó a todos, porque con toda seguridad esta es la familia más desordenada que se haya conocido jamás y él nos ama de todos modos. Nuestra redención compartida debería mantenernos agradecidos y amables, porque ¿qué otra respuesta tendría sentido si no?

¡Ojalá que el mundo vea una familia agradecida y comprometida que ama a su Dios, que adora a su Salvador y que no se cansan el uno del otro! Esta es una historia que salva, una historia que cura, y la historia adecuada que contar.

CAPÍTULO 26

Sobre las mujeres

Helen, Marie, Ann, Inez, Ruth, Mavis... Eran las amigas de mi abuela, presentes en mis recuerdos más tempranos. Todas me sostuvieron en sus brazos en mi primera semana de vida. No puedo recordar a mi abuela sin ellas... en su cocina, jugando al dominó, de vacaciones en su cabaña de Colorado, asistiendo a nuestras ceremonias de graduación, llevando los regalos más pijos a nuestras bodas y fiestas para bebés. Su amistad duró más de sesenta años sentadas alrededor de mesas de naipes, en porches, encimeras de formica y café de marca Sanka. Sus manos curtidas nos alisaban el pelo, frotaban nuestra espalda, secaban nuestras lágrimas y empanaban nuestro pollo y lo freían en tocino.

Judy, Rita, Sandy, Debi, Prissy, Cheryl, Sharon, Melissa... Eran las amigas de mi mamá. También forman parte de casi todos los recuerdos de la infancia. Crecimos en sus casas. Puedo describir cada habitación de sus hogares, los rincones donde nos ocultábamos cuando jugábamos al escondite, aquel pasillo desde donde escuchábamos en secreto a través de la rejilla de ventilación, los patios traseros donde pelamos toneladas de cangrejos de río hervidos, las cocinas llenas de chocolate Ovaltine y soda Tab. Todos los niños eran de todas las madres y juntas ejercían como tales en grupo, un término vago que indica básicamente mantenernos vivos en aquella época. Esas mujeres cambiaban nuestros pañales, nos llevaban en auto al baile de alumnos y lloraban en nuestras bodas. Su risa colectiva es como la banda musical de la infancia.

¡Crecí con muchas madres y abuelas comunes y extraordinarias!

Probablemente por esta razón valoro tanto a mis amigas, aunque no supe reconocer los méritos de mi madre y mi abuela hasta más tarde. En mi mundo, así es como vivían los adultos. Una y sus mejores amigas gestionaban cualquier asunto que la vida te lanzaba. Se educaba a un montón de hijos de manera conjunta, y cuando ya eran mayores, todavía se tenían unas a otras más una gran cantidad inminente de nietos, yernos y nueras, y casas limpias por primera vez en veinticinco años.

Las mujeres me han parecido asombrosas toda mi vida.

En lo espiritual, crecí con mensajes variados en cuanto al mérito de la mujer. La iglesia enseñaba que las féminas eran extraordinarias en su lugar, pero ese sitio era bastante estrecho. Mis madres y abuelas eran increíblemente capaces e inteligentes. Nunca comprendí su pequeño lugar en el reino cuando ocupaban un espacio tan enorme en mi desarrollo. Su conjunto de aptitudes colectivas era sensacional: eran maestras, emprendedoras, propietarias de negocios, profesionales de los tribunales, agentes inmobiliarias, administradoras. Dirigían en el hogar y en el trabajo, pero yo no veía que su autoridad se tradujera a la iglesia.

Ojalá hubieran tenido el permiso y la influencia que Dios le está restaurando a mi generación. Lamento la pequeña plataforma para la sabiduría que tenían, porque el reino necesitaba una dosis mayor de su liderazgo. En la práctica, somos hijas y nietas de mujeres increíbles y tenemos que levantarnos y mantener su legado. Nos sostenemos sobre sus hombros y ninguna mujer moderna lideraría hoy sin las conversaciones a las que ellas dieron forma y los cambios que ellas forjaron. Con valor y decisión, nuestras madres y abuelas hicieron avanzar las cosas para las mujeres.

Dios está descubriendo a mujeres por todo el mundo. Él siempre ha trabajado, y lo sigue haciendo, por medio de las mujeres y las muchachas que componen la mitad de su iglesia. Ellas son, como los hombres y los muchachos, las portadoras de su imagen. También son, como los hombres y los muchachos, talentosas, capacitadas, inteligentes y ungidas.

La iglesia subterránea de China decaería sin las mujeres. Ellas difunden el evangelio en Oriente Medio bajo amenaza de su vida o su integridad física. Dirigen movimientos sociales ascendentes que combaten la pobreza y son pioneras de la legislación verticalista con el mismo fin. Están haciendo una labor silenciosa y en voz alta, sobre el escenario y detrás del telón. ¡Jamás ha habido una época mejor para ser mujer!

Aunque históricamente oprimidas, las mujeres han mantenido siempre una dignidad que se verá sin duda eternamente recompensada. Las mujeres del mundo son valientes y responsables. Cuando una mujer gana dinero, lo más probable es que lo gaste en su propia salud y seguridad, así como en las de sus hijos. Por cada dólar que consigue, gastará ochenta centavos en la salud y el bienestar de su familia (cuando, por el contrario, los hombres solo gastan alrededor de treinta centavos en sus familias y son más proclives a malgastar el resto).[1] Las mujeres han mantenido unidas a las comunidades durante siglos.

Lo que estoy intentando decir es esto: creo que las mujeres son asombrosas. Siempre lo han sido.

Somos una generación muy bendecida. No tenemos por qué escoger entre ternura y autoridad, una tensión por la que se lucha en el feminismo secular. Podemos tener ambas cosas. Tenemos las victorias de las generaciones pasadas, además de las nuestras.

Podemos proporcionar hospitalidad *y* declarar la Palabra de Dios, nutrir a nuestras familias *y* aceptar nuestros dones, poner la mesa de la comunión *y* la de la teología. Estoy muy agradecida de que mis hijas vean a las mujeres liderando con valentía. No pelearán por un estatus inferior ni sofocarán sus dones. *Tan solo correrán.*

Hermana, acércate y escucha: eres inteligente y capaz, fuerte y sabia. Eres una vencedora, un miembro apreciado del cuerpo de Cristo. Tienes mucho que ofrecer. Puedes reunir a tu tribu de amigas y criar a sus hijos juntas, proporcionándoles la infancia más feliz de la que nunca se quejarán. Puedes abrir tu Biblia y predicarles las buenas nuevas a los pobres. Puedes ser el modelo de una amistad fiel alrededor de tu mesa y puedes alargar tu mano, cruzando océanos, a mamás de todas partes. Puedes hacer una obra pequeña. Puedes hacer una obra grande. ¡Eres tan capaz en Cristo, tan amada, con tanto permiso!

Si alguien te ha hecho sentir alguna vez invisible o menos que nada, escribe una nueva narrativa sobre tu corazón. La Biblia se usó para subyugar a las mujeres durante siglos, pero el Nuevo Testamento descubre a mujeres que lideraban la iglesia, que profetizaban, enseñaban y colaboraban con los hombres. Florezcamos bajo la instrucción de Pablo: «Esfuérzate por presentarte a Dios aprobado, como obrero que no tiene de qué avergonzarse y que interpreta rectamente la palabra de verdad» (2 Ti 2.15).

Eres aprobada.

Eres una obrera.

No tienes por qué ser avergonzada.

Eres gestora de la verdad.

Eres una obrera autorizada y digna en la tarea espléndida de amar a Dios y a las personas. Tienes un papel. Tu lugar es seguro. Si no lo haces tú ¿quién lo hará? ¿Quién más le transmitirá esperanza a tu gente? ¿Quién más se dedicará a los cansados y solitarios? ¿Quién más enseñará la buena Palabra y reivindicará sus promesas? ¿Quién más se reirá con valentía de los días que vendrán? ¿Quién más educará a tus hijos más fuertes? ¿Quién más asumirá la responsabilidad por tu gente y en tu lugar?

Tú lo harás.

Lo haremos juntas. Seremos madres de todos nuestros hijos y abuelas de todos nuestros nietos. Nos alegraremos la una a la otra, negándonos a dudar de nuestros dones. Cuando tengas miedo, yo declararé: «Puedes hacerlo». Cuando susurres un sueño, yo gritaré con un megáfono que eres valiente, maravillosa e importante. Cuando yo esté derrotada, me recordarás que soy una obrera aprobada sin ninguna vergüenza; levantaremos nuestra cabeza y blandiremos la verdad la una para la otra.

Es hora. No esperes recibir permiso; ya nos lo han dado. Lidera, hermana. Tienes autoridad para usar tu hogar como santuario, tus manos como herramientas de sanación, tu voz como instrumento de esperanza, tus dones como canales de increíble poder. «Si el don de alguien es el de profecía, que lo use en proporción con su fe; si es el de prestar un servicio, que lo preste; si es el de enseñar, que enseñe; si es el de animar a otros, que los anime; si es el de socorrer a los necesitados, que dé con generosidad; si es el de dirigir, que dirija con esmero; si es el de mostrar compasión, que lo haga con alegría» (Ro 12.6–8).

Hagamos esto. Cumplamos la buena obra que se nos ha encomendado. Silencia cualquier voz que te susurre que «no es suficiente» y mantente en la verdad como obrera aprobada. Lo eres. Jesús te hizo así. Si Dios contempló la cruz y declaró que se había terminado, entonces no fue suficiente para nadie excepto para ti. Si Jesús lo cubrió todo, entonces él lo cubrió todo. Ahora eres aprobada te guste o no. O como Dios le dijo a Pedro: «Lo que Dios ha purificado, tú no lo llames impuro» (Hch 10.15). De acuerdo entonces. Esta es una instrucción bastante directa.

Si necesitas enfrentar algo, hazlo. Pelea contra cualquier cosa que te sujete o te retenga. Eres demasiado vital para perder años por el arrepentimiento, la vergüenza, la inseguridad o el temor. No somos esclavas de estos amos; Jesús se ocupó de ello. Afronta tus problemas con valor, hermana, porque la verdad y el amor ganan y tú tienes estas dos cartas para jugar. Pregúntale a Dios: ¿qué mentiras creo sobre mí misma? ¿Qué mentiras creo sobre ti? El Espíritu Santo es un líder y un sanador increíble. No te lo tragues; pon tu basura sobre la mesa y ocúpate de ella. Aborda el asunto. Perdona, libera, reconoce, afronta, siente los sentimientos, deja ir alguna cosa, cree la verdad, haz lo que tengas que hacer. Luego, sacúdete el polvo de las manos y prepárate para *avanzar*.

Creo que estamos listas, ¿verdad? Los sueños, las visiones, el entusiasmo. Estoy atónita con las mujeres de todas partes. Están venciendo, resistiendo, sobreviviendo, brillando, liderando, arriesgando, apareciendo, hablando, levantándose. Están persiguiendo sueños a la vez que viven su vida. Me sorprenden con regularidad. Esta generación está escogiendo levantarse las unas a las otras en lugar de derribarse, está encontrando maneras para amar a Dios y a las personas a lo largo de las generaciones, las culturas, los países y los obstáculos. Las mujeres están enseñando con una autoridad que me eriza el cabello. Estamos haciendo cosas difíciles en trincheras invisibles. Estamos diciendo que sí cuando decir que no sería más fácil. Estamos diciendo que no cuando decir que sí sería más fácil. Estamos asumiendo responsabilidad por nuestras hermanas mundiales, porque ya basta; no nos vamos a sentar ociosas mientras que las personas son maltratadas, se trafica con ellas, se las vende y se las abandona.

Si las mujeres sostienen de verdad la mitad del cielo, entonces alcemos bien alto nuestros brazos.

Presentemos nuestra propia vida.

Tomemos todas las partes difíciles —los fracasos, las pérdidas, las heridas— y entreguémoselas a Jesús para su gloria. Él hace magia con ellas, te lo aseguro. Esas cicatrices son un regalo;

dicen: «Lo ves, yo he estado allí y aquí estoy todavía de pie y tú también». Ellas se convierten en insignias de honor, agentes de sanación.

Esta es en realidad tu única vida salvaje y preciosa. ¡Importas tanto! Estás escribiendo una buena historia para tus hijos. Tu comunidad y tu iglesia te necesitan, tus vecinos y familia te necesitan, Dios te adora y Jesús está obsesionado contigo. Aquí estamos, tu comunidad de mujeres corriendo esta carrera juntas, orgullosas de ti, conmovidas por ti. Tropezaremos; eso forma parte de la carrera, pero no dejaremos a ninguna mujer atrás. Nuestra generación cruzará la línea de meta habiendo amado a Dios y a las personas con toda nuestra fuerza. Tendremos vidas imperfectas que ofrecer, por supuesto, pero sueño con el cielo, viendo a millones de personas amadas por nuestras manos, donde espero que escuchemos: «Hicieron bien, siervas buenas y fieles. Sin duda fue muy divertido observarlas».

Conclusión

Creo haber mencionado que tenemos pollos. Nos mudamos a nuestra vieja granja, limpiamos el gallinero y ahora somos Gente de Pollos. (Memorándum para la potencial Gente de Pollos: a varios depredadores les gusta matar a los pollos, los cuales no son lo suficientemente inteligentes para escapar; por tanto es recomendable no tratarlos como si fueran mascotas, por ejemplo, poniéndoles nombre como McNugget, Teriyaki y Barack O'Brahma, como hacen *alguna* Gente de Pollos que suponen que los suyos van a vivir para siempre. Como dice mi hijo Ben: «En Etiopía no lloramos por los pollos». Lo reseño debidamente).

Los pollos son tan divertidos, chicas. Cada mañana abrimos la puerta del gallinero y salen en un *sprint* como Flo-Jo. Los dejamos sueltos todo el día y cada uno tiene sus propias ideas. Tenemos tres pollos granujas que se escurren por nuestra verja y merodean por el patio de nuestros vecinos. Al parecer, tienen ganas de conocer mundo. Pasean sus pequeños cuerpos raros con sus andares de pato a una manzana de distancia, porque creo que sus hermanos caídos no fueron un cuento de escarmiento contra los depredadores. Otros se ciñen exactamente a la misma trayectoria picoteando en nuestro jardín. Poseemos todo un acre, pero ellos se mantienen en la línea de la valla del lado sur. Un pollo está constantemente sobre nuestros coches, la mesa de fuera, la nevera y la cama elástica. Nuestro jardín es su Everest.

Pero sin importar el lugar por el que deambulen durante el día, en cuanto el sol empieza a ponerse, allí están, los diez, de regreso al gallinero y posados sobre su percha, estrechamente apretados unos contra otros como pequeños valientes Hermanos Pollos. Las aventuras del día han acabado y están en casa para pasar la noche, acurrucados ala con ala, viviendo para ver un nuevo día. (Si crees que estoy a punto de comparar a las mujeres con los pollos, has acertado, señora).

Cuando considero la comunidad de mujeres a la que pertenecemos, no cabe duda de que nuestras aventuras diarias nos llevan por todo el mapa. Algunas de nosotras vivimos al límite y nos aventuramos más allá de las fronteras «seguras», ¡condenados depredadores! Otras prosperamos en los espacios constantes e inalterables que siempre han tenido sentido para nosotras. Las hay que siguen saltando en busca de una nueva opinión, una nueva perspectiva, una nueva percha. Las horas del día nos encuentran por todas partes, diversas, únicas, distintas. ¡Qué buena es esta falta de homogeneidad!

Pero me gustaría pensar que cuando el sol se está poniendo, cuando nuestras diferencias nos han llevado por todo el vecindario, podemos volver a casa para estar juntas. Podemos anidar como pequeñas hermanas valientes y apoyarnos las unas en las otras para el descanso y el santuario. Podemos contar nuestros cuentos («Nunca imaginarás adónde he ido hoy...») y escuchar hablar sobre las sendas por las que no optamos, pero al final del día sabremos que estamos hechas las unas para las otras.

Espero que nuestra comunidad esté marcada por la gracia y la afirmación en lugar de la actitud defensiva y la exclusividad.

Por supuesto, algunas merodearán y descenderán por sendas que no entendemos, pero hay lugar en el vecindario para todas nosotras. En última instancia, la hermandad es un lugar blando para aterrizar y podemos enviarnos unas a otras con plenas bendiciones, sabiendo que podemos volver seguras al hogar, para estar juntas. Quiero ser siempre *para* ti y que tú seas para mí.

Soltemos nuestra basura, nuestra basura descompuesta que estropea las relaciones, las comunidades y el compañerismo. No permitiremos que nuestra propia locura nos detenga a la hora de afirmarnos unas a otras y de defender a nuestras hermanas a bombo y platillo. Nuestra tribu no necesita ser gobernada por la escasez; hay bastante para que todas las mujeres vivan de una forma hermosa. Una marea ascendente eleva a todos los barcos que están en el puerto; cuando una mujer se levanta, todas lo hacemos. Abramos nuestras manos y démoslo todo: estima, honor, atención, amor. Lo que es bueno para una es bueno para todas.

Las veo, alegrándose unas a otras y sacando lo mejor de cada una, y eso me abruma. Así son las cosas. Para esto fuimos hechas. Es la forma de vivir bien. Si nos preferimos las unas a las otras como Jesús nos dijo que hiciéramos, no hay nada que nuestra comunidad de mujeres no pueda manejar. Danos: injusticias, luchas, sufrimiento, pérdida, congoja, obstáculos, *vida*. Recibiremos todo esto, juntas. Dentro de esta comunidad, nos fortalecemos unas a otras para amar a nuestras familias, nuestros vecinos, nuestras ciudades y nuestro mundo. Cada una le señala a Dios a la otra y coreamos nuestra bienaventuranza. Es increíblemente poderoso.

Me siento muy agradecida de ser mujer, aquí, contigo, en nuestra generación. Mi copa rebosa.

Y eso es todo. Esta es nuestra vida, la única que tenemos. Vamos por ella juntas.

Las amo mucho.

Notas de agradecimiento reales (Reconocimientos)

Quiero darles las gracias a mis amigas, porque me sentiría despojada sin ellas (y no tendría historias para este libro). Soy rica en amigas y lo sé, y esto me hace sentir exultante todo el tiempo. Hacen mi vida muy feliz. Son la cosa más divertida, alegre, amable, considerada, hilarante, inteligente, leal y buena del universo. Si me abandonaran alguna vez, las mataré mientras duermen. (Lo siento. Eso ha sonado raro).

Mucho amor para mis maravillosos lectores. Me han acompañado a través de incontables libros, estudios, viajes, visitas al dentista, maratones de *Friday Night Lights*, buenos tiempos, malos tiempos, y en toda circunstancia. Brandon siempre me dice: «¡Tu gente te trata tan bien!». Y ES VERDAD. Ustedes son enormemente especiales para mí. Adoro lo que tenemos. Valoro mucho el espacio que hemos construido juntos. Los amo tanto como a Tim Riggins.

He llorado durante cada ensayo sobre la iglesia, porque amo mucho a la mía. La iglesia ha sido un camino tortuoso para mí, y en la Austin New Church me siento como en casa. Ustedes son literalmente las mejores personas que conozco. Nos aman tanto a nosotros, a nuestra ciudad y a nuestro mundo, que no lo puedo creer. Gracias por restaurarme lo que ni siquiera sabían que yo había perdido.

Gracias a mis padres, Larry y Jana King, por ser los mejores padres, aunque no supe ser agradecida por ello cuando era joven. Pensaba que todos los padres afirman y aman a sus hijos, gozan de buena salud y son maravillosos. Espero que mis hijos sientan por nosotros lo que nosotros sentimos por ustedes, a saber, un cariño increíble, siempre que vivan en sus propias casas y no en mi sótano. Son ustedes tan extraordinarios que no quiero esperar a que mueran para escribir unas memorias sobre su disfunción como algunas de mis amigas. No hay de qué.

A mi agente Curtis Yates, su incomparable esposa Karen, su colega Mike Salisbury, y a toda la dinastía Yates; citando a Sealy: estoy muy agradecida por ser un caballo de su establo. Curtis, eres agente, entrenador, animador masculino, protector y hermano. Y te has convertido en un experto en emoticones, y sabes cómo me siento por tan gran esfuerzo. Gracias por empezar tu propio club de cena después de leer este manuscrito. Gracias por reír hasta llorar cuando leíste «Preocupaciones por la moda». Gracias por creer en mí y hacer que sea mejor y más valiente.

¡Un enorme aplauso a todo mi nuevo equipo de Thomas Nelson! ¡Vaya chicos! Solo ¡vaya! Brian Hampton, Chad Cannon, Emily Lineberger, Katy Boatman, Kristen Parrish y todo su equipo de Nashville... Apenas sé cómo gestionar sus grandes objetivos, sus grandes ideas, sus grandes confidencias y su gran apoyo. Han soñado sueños imposibles alrededor de la mesa de mi granja. Comieron hamburguesas de lengua de res, porque yo se los pedí. *Me permitieron hablar delante de toda su compañía.* Sean míos para siempre. No puedo hallar suficientes palabras de agradecimiento.

Finamente, gracias a mi pequeña familia, la familia de mis sueños. Ustedes son todo lo que siempre quise. Los Años en Familia están a punto de cambiar, pero no podría sentirme más agradecida (y DESOLADA, pero se supone que esta sección es feliz). Gavin, Sydney, Caleb, Ben y Remy: son mis cinco hijos favoritos sobre el planeta Tierra. Los amo y me gustan (y dejaré de pagar por completo tu factura de teléfono si no me llamas constantemente desde la universidad el año que viene, GAVIN. Con dos veces al día sería suficiente). Brandon, mira nuestra pequeña vida. ¿Lo puedes creer? Sé que no puedes, porque repetimos constantemente: «¿Puedes creer nuestra vida?». No conozco a un marido que ame más a su esposa y sus hijos. Tú eres así para nosotros y lo sabemos. ¡Nos haces muy felices a todos! Te amo. Con toda mi alma. Y siento mucho haber tirado aquella vez todas las fichas del Scrabble al suelo.

Ni tengo la menor idea de cómo agradecer a dos grupos de gente:

Mi equipo de lanzamiento y #the4500.

Estas mujeres (y #bandadecuatrohombres) se reunieron meses antes del lanzamiento de este libro, y emergió una comunidad que ni en mis sueños más locos podría haberme imaginado. Lo que comenzó como una sencilla junta para respaldar el libro se convirtió en encuentros, becas, grupos de oración, viajes, fiestas, hilos de discusión sobre la crianza, clubes de escritoras, promoción grupal y, esencialmente, el mensaje entero de *Por el amor de...* demostrado en la vida real. Amigas, las quiero de todo corazón. Más allá de los elogios hermosos y las porras, me han mostrado que una comunidad al estilo *Por el amor de...* es tan posible como vibrante, espiritual, unida y totalmente irreverente. Ustedes son el mejor regalo del año para mí. Para siempre #enmibarradeequilibrio.

Gracias a los miembros del equipo de lanzamiento de *Por el amor de...*

Abby Ades	Anastasia Huffman	Aundi Kustura Kolber
Abby Twarek	Andi Edwards	Becca Longseth Kiger
Alaina Falk	Andrea Grieshaber-	Becky Gillespie
Alia Joy Hagenbach	Roberts	Yurisich
Alicia Vela	Andrea Stunz	Becky Goerend
Aline Nahhas	Andrea Trexler Conway	Becky Ritta
Alison Stow	Angela Brandel Gifford	Becky Waldrup
Allison Funke Pickett	Angela Gottschalk	Johnston
Allison Ramsing	Angie Abbate Mood	Beth Buchanan Webb
Aly Garrett	Angie Brown	Beth Latshaw-Foti
Alysa Bajenaru	Angie Dailey	Beth Walker
Alyssa De Los Santos	Angie Kay Webb	Bethany Alexander
Amanda Brown	Ann Crawford Goade	Bethany Beams
Amanda Bush	Ann Marie Corgill	Bethany Winter
Amanda Jo	Anna Carpenter	Vaughn
Amanda Johnson	Anna Price	Betsy Perrell Shaak
Amanda Kay Duckett	Anna Rendell	Brandee Holland
Amanda Pierce Jones	Anna Rubin	Brandi Dowdy
Amanda Rosler	Annaliese Wink	Brandi Ebersole
Amanda Schafer	Anne Henninghausen	Brandy Lidbeck
Amanda Smith Carver	Alley	Brenna Lauren
Amanda Tomzak Regas	Anne Rumley Gift	Brenna Stanaway
Amanda Wissmann	Anne Watson	Briana DuPree
Amber Gonzales	Annie White Carlson	Brianna George
Amber O'Toole	AnnieLaurie Walters	Brianna Sweet
Amber Thompson	April Golden	Bridgette Cook
Austin	April Lakata	Brittany Roof Griffin
Amberly Noble	Ashlee Barlow	Brooke Justus Fradd
Amilee Blanchard	Ashley Abbott Bunnell	Bryna Richter
Sanders	Ashley Behn	Rodenhizer
Amity Rider Jones	Ashley Besser	Caitlin Snyder
Amy Cashion Hickman	Ashley Doyle Pooser	Cara Joyner
Amy Crouch Wiebe	Ashley Griffin	Cara McConnell
Amy Davis	Ashley Pratt	Carey Schmitz Gregg
Amy Dieter Decker	Ashley Williams	Carlee Ann Easton
Amy Elizabeth Patton	Athena Buckner Davis	Carol Fruge
Amy Mathias Austin	Aubrey Stout	Carrie Beth Tigges
Amy Sheehan Wilkins	Audra Ohm	Carrie Bricker Himel

Carroll Tatge Marxen
Cathy Campos
  Davidson
Celine Noyes
Chelsia Checkal
Cheryl Moses
Chris Bishop
Christian Annette
  Barnett
Christi Gibson Miller
Christine Frank Bowin
Christine Miller
  McDermott
Christy LeRoy
Christy Wiseman Leake
Cindy Battles
Claire Thompson
  Mummert
Colleen Crocker
Connie Martin
  Beckham
Corie Clark
Corie Gibbs
Courtney Banceu
Courtney Oakes
Courtney Smith
  Cassada
Courtney Thrash
Crissy McDowell
Crystal Santos
Cydney Reagan Feltcher
Cynthia M. Milner
Dana Pierce Herndon
Dana Rollins Martin
Danielle Brower
Darcie Tisdel Jackson
Darla Dillahunty Baerg
Dawn Klinge
Deanna Kell
Debi Jenkins
Deedra Amsden Mager

Deidre Price
Delia Jo Ramsey
Dena Howard Franco
Denise Kinsey Tyriver
Diana Kerr
Diane Weaver Karchner
Elise Cleary
Elise Johnson
Elizabeth Grossman
Elizabeth Lovell
  Lovelace
Elizabeth Sawczuk
Ellen Rorvik Frens
Embo Tshimanga
Emily Bedwell
Emily Carlton
Emily Davis Nelson
Emily Donehoo
Emily Judge Kates
Emily Mastrantonio
Emily McClenagan
Emily Tuttle
Emma Kathryn
  Robinson
Erica Armstrong
Erica Willer Groen
Erin Bassett
Erin Brazofsky
Erin Eichorn Shafer
Erin Felder Earnest
Erin Leigh Cox
Erin Moffitt
Erin Needham
Erin Vande Lune
Erin Wevers
Erin Woods
Gail Zainea Ramesh
Genevieve Yow
Geoff Kullman
Georgette Beck
Gina Grizzle

Ginger Newingham
Gloria S. Lee
Grace Manning
Gwendolyn Howes
Hailey Liew
Hannah Card
Hannah Lane
  Buchanan
Harmony Harkema
Heather Arseneault
Heather Galyon-Lamb
Heather Gerwing
Heather Goyne Parker
Heather Jasinski Brady
Heather Long
Heather Meek
  Henderson
Heather Middeldorf
  Rattray
Heather Post Hefter
Heather Webb
Heather Schmidt
Helen Kerr
Holly Kemp Garin
J'Layne Sundberg
Jack Donkin
Jack and Emily Engle
Jadee Isler
Jamie Brown
Jason Mitchell
Jeane Wynn
Jeanna Martin
Jemelene K. Wilson
Jen Gash
Jen Goforth
Jen Ruble
Jenna Sasso
Jenni DeWitt
Jennie Woelpern
Jenniemarie Palomo
  Cisneros

Jennifer Battles

Jennifer Davis

Jennifer Drennan Bell

Jennifer Hermosillo

Jennifer Howard

Jennifer Lloyd Goodwin

Jennifer Marcy
　Mrochek

Jennifer N. Early

Jennifer Snyder

Jennifer Wier

Jenny Garwood

Jenny Johnson Ross

Jenny Lyn Harwood

Jess Collier

Jessica Feeley

Jessica Hamlet

Jessica Hurtt

Jessica Laine Singletary

Jessica Morrison Grant

Jessica Turner

Jessica Wolfe

Jill Richardson

Jinny McCall

Jo Hooper

Joana Studer

Jodi Lynn McCoy

Jody Leigh

Johanna Trainer

Julie Moorhead

Julie Shreve

Julie Shumate Long

Kacy Wansley Pleasants

Kaitlyn Bouchillon

Kamryn Schill

Kande Koogle Milano

Kara McLendon

Kara Williams

Karen Taylor Graham

Karen Wolf Anderson

KariAnn Loy Lessner

Karli Von Herbulis

Kate Hight-Clark

Kate Scoggins

Katelyn Roskamp

Kathryn Giese

Kathy Macheras

Katie Corley

Katie Eller

Katie Howard

Katie Hurst

Katie May Tramonte

Katie McGee
　McReynolds

Katie Melton

Katie Mumper

Katie Vale

Katy Ruehr Epling

Katy Zitzmann

Kayla Aimee

Kayla Craig

Kelley Maranto Mathews

Kelly Buddenhagen

Kelly Buist

Kelley Dorgan Ruark

Kelly Ivey Johnson

Kelley Richards Smith

Kelsey Ferguson

Kelsey Holson

Kelsey King

Keri Snyder

Kiah Maylynn Geleynse

Kim Knudsvig

Kim Labar

Kimberly Bolden

Kimberly Hollis
　Widmer

Kimberly Poovey

Kirsten Trambley

Kodi BeVelle

Krista Gradias

Krista Wilbur

Kristen Bulgrien

Kristi Bair Roddey

Kristi James

Kristin Maddox Cheng

Kristin Stewart

Kristin Ulrikson-
　Hernke

Laine Alves

LaRae Humes

Laura Daniels

Laura Nile

Laura Zandstra Murray

Lauren Douglas

Lauren McHam
　Gibbins

Lauren McMinn

Leanne Johnston

LeeAnna Smith

Leslie Armstrong

Leslie David Carlton

Leslie Knight

Linda Shaffer Perkins

Lindsay Brandon-Smith

Lindsay Burden

Lindsay Langdon

Lindsay Prout Loughrin

Lindsay Stevenson

Lindsey Bryan

Lindsey Morgan Nihart

Lisa Bartelt

Lisa Ray Janes

Lisa Van Engen

Lisa-Jo Baker

Liv Campbell

Liz Wine

Lori Florida

Lori Harris

Lori Kuney Sawyer

Lori Stilger

Lori Waltmon Motal

Loyce Pickett

Lyndi Schnelle
Mabe Jackson
Macy Robison
Madelyn Jackson
Mandy Santos
Mandy White
    Alexander
Mariah Sanders
Marie Gregg
Marie Underhill
    Jackson
Megan Byrd
Megan Lowmaster
Melinda Hoggatt
    Mattson
Melinda Nelson
Melissa Crawford
Melissa Gardner-Miller
Melissa Henderickson
Melissa Jorgensen
Melissa Madole-Kopp
Melissa Neuman
Melody Consuela
    Taloolah Kopp
Meredith Donkin
Michele Lewandowski
    Mayhan
Michelle Collins
Michelle Craig
    Discavage
Michelle Fortik
Michelle Haseltine
Michelle Kelly
Michelle Kime
Michelle Robinson
Michelle Unwin
Miguel Cain Cooper
Mindy Christianson
Miranda Norris Coker
Miriam Blankenship
    Boone

Monica Jakoby Deskins
Monica Montoya
Natalie Bradley Slusser
Natalie Emmert Reid
Nichole Aponte
    Carrabbia
Nicole Case
Nicole Pals Diehl
Nicole Stormann
Noelle Morin
Pam Parker
Pamela Anne
Parker Barnes
Pattie Reitz
PenniCrouch Zylka Van
    Horn
Perri Verdino-Gates
Phillip and Shannon
    Taylor
Rachel Legg
Rachel Mueller Hill
Rachel Ravellette
Raleen Sloan
Rebecca Beckett
Rebecca Reardon
    Degeilh
Rebecca White Greebon
Rebekah Fairley
Rebekah Johnson
Robin Lee
Robin Parks Allen
Robin Turner Dauma
Robin Tutwiler
Robin White
Ronna-Renee Jackson
Rosanna Mullet
Sandy Kaduce
Sarah Denley Herrington
Sarah Herbert
Sarah Markowski
Sarah May

Sarah Schultz
Sarah Varland
Shanna Leigh
Shannon Bradley Taylor
Shannon Imel
Shawnna Householder
Shea Callahan Hughes
Sheila Burger Stover
Sheila Taylor
Shellie Carson
Shelly Mowinkel
Stacey Lynn Drake
Stacey Philpot
Stefanie Cullum Ritz
Stephanie Bishop
Stephanie Clinton
Stephanie English
    Roberts
Stephanie Kandray
Stephanie Lloyd
Stephanie Vos
Sue Bidstrup
Susan Galbo Hunt
Suzanne Sample Rees
Tamara Lancaster
Tammy Lee
Tara Davis
Tara Rooks
Terri Gorton Fullerton
Terry Dean Felix
Theresa Brown
Tomi Bussey Cheeks
Torrey Swan
Traci Adkins Cook
Tricia Klein
Valerie Cronk
    Kushnerov
Vicki Lodder
Whitney Cornelison
Whitney Severns
    Werling

Notas

Capítulo 2: Al cumplir los cuarenta

1. Maya Angelou, citada en Maria Popova, «Maya Angelou on Identity and the Meaning of Life», Brainpickings.org, http://www.brainpickings.org/2014/05/29/maya-angelou-on-identity-and-the-meaning-of-life.

2. Annie Dillard, *The Writing Life* (Nueva York: HarperPerennial, 1989), p. 32 [*Vivir, escribir* (Madrid: Taller Escritura Fuentetaja, 2002)].

Capítulo 3: Sobre la vocación y las madres haitianas

1. Anna Quindlen, *A Short Guide to a Happy Life* (Nueva York: Random House, 2000), PDF e-book [*Pequeña guía para ser feliz* (México, D.F.: Océano, 2001)].

Capítulo 6: No comprar

1. Sí, Gwyneth Paltrow de verdad lo dijo en una entrevista que la revista *Elle* le hizo en 2011. Para más Gwyneth-ismos, ver: «10 Epic Quotes From Gwyneth Paltrow», ABC News, 26 marzo 2014, http://abcnews.go.com/Entertainment/10-epic-quotes-gwyneth-paltrow/story?Id=23070550.

Capítulo 7: Di la verdad

1. Brené Brown, *Daring Greatly: How the Courage to Be Vulnerable Transforms the Way We Live, Love, Parent, and Lead* (Nueva York: Gotham, 2012), pp. 248–49.
2. Scott Stratten, citado en Brown, *Daring Greatly*, p. 171.
3. Ibíd., p. 99.

Capítulo 12: El matrimonio: Diversión y sustancia

1. Charlotte Brontë, *Jane Eyre* (1847; Argentina: Biblioteca Virtual Universal, 2006), capítulo XXXVIII, edición digital.

Capítulo 13: Niños de Jesús

1. Drew Dyck, «The Leavers: Young Doubters Exit the Church», *Christianity Today* 54, no. 11 (1 noviembre, 2010): p. 42, http://www.christianitytoday.com/ct/2010/november/27.40.html.
2. Ibíd., p. 40.
3. «Threads Presentation: What Matters to Young Adults?», SlideShare.net, publicado por guest569c3f, 8 enero 2009, http://www.slideshare.net/guest569c3f/threads-presentation-presentation.

Capítulo 17: Poco convencional

1. Flo Rida y Will i Am, fragmento de la canción «In the Ayer», *Mail on Sunday*, Atlantic Records, 2008, disco compacto.
2. Susan Cain, *Quiet: The Power of Introverts in a World That Can't Stop Talking* (Nueva York: Crown, 2012), p. 230 [*El poder de los introvertidos en un mundo incapaz de callarse* (Barcelona: RBA Editores, 2012)].
3. Ibíd., p. 239.

Capítulo 21: Turismo de pobreza

1. Aunque la foto aquí es mía, está inspirada por la entrada en el blog de Jamie Wright, «Healthy Short-term Missions? Do it like Jesus», Jamie the Very Worst Missionary, 10 abril 2012, http://www.theveryworstmissionary.com/2012/04/healthy-short-term-missions-do-it-like.html.

Capítulo 22: Amada iglesia...

1. Bo Lane, «Why Do So Many Pastors Leave the Ministry?»; ExPastors.com, 27 enero 2014, http://www.expastors.com/why-do-so-many-pastors-leave-the-ministry-the-facts-will-shock-you/.
2. Ibíd.
3. Bo Lane, «Why Do So Many Pastors Leave the Ministry?»; y Richard J. Krejcir, «Statistics on Pastors: What is Going on with the Pastors in America?», IntoThyWord.org, 2007, http://www.intothyword.org/apps/articles/default.asp?articleid=36562.
4. Brown, *Daring Greatly*, p. 110.

Capítulo 26: Sobre las mujeres

1. «Economic Empowerment», HalftheSkyMovement.org, http://www.halftheskymovement.org/issues/economic-empowerment.

Acerca de la autora

Jen Hatmaker y su esposo, Brandon, viven en Austin, Texas, donde lideran la Austin New Church y crían a sus cinco hijos (además de los pollos que Jen dijo que nunca poseería). Ella es oradora en eventos a través de todo el país y autora de diez libros, incluyendo los éxitos de venta de USA Today *Interrupted* y *7: An Experimental Mutiny Against Excess*. Jen y Brandon protagonizaron una serie del canal televisivo HGTV llamada *My Big Family Renovation* [Renovación para mi gran familia] y viven en una granja de 105 años de edad con cañerías cuestionables.

Échale un vistazo a su ministerio, horario y blog en www.jenhatmaker.com.